KB020103

로봇과 일자리: 어떻게 준비할 것인가?

로봇과 일자리:

어떻게 준비할 것인가?

 나이절 캐머런 지음 고현석 옮김

경제적 가능성의 세계에서 기계들과
길고 축복된 삶을 살아갈 것이 확실한, 가장 어린 세 손자,
유언 캐머런, 기디언 로비슨, 링컨 보머를 위해.

노력하고, 구하며, 찾고, 굴복하지 않으리라.
— 「율리시스」, 앨프리드 테니슨

우리는 어떤 독자들은 아직 그 이름을 들어보지도 못했지만 앞으로는 매우 많이 듣게 될 새로운 질병에 시달리고 있다. 기술적 실업이다. 기술적 실업은 우리가 노동력을 최대한 이용할 수 있는 방법을 발견하는 속도가 노동의 새로운 쓰임새를 발견하는 속도보다 더 빨라서 발생하는 실업이다.

— 존 메이너드 케인스(1931)

일자리 상황이 정확하게 얼마나 나빠질까? 경제협력개발기구(OECD) 연구 결과에 따르면 미국 내 일자리 9%가 위협 받고 있다. 옥스퍼드 대학교 학자 2명은 미국 내 일자리의 무려 47%가 위협 받고 있다고 추산한다. 가장 낙관적인 시나리오도 심각한 문제를 예고하고 있다. 어느 쪽이 맞든, 앞으로 몇십 년 안에 미국에서 잘 살아내려면 전통적으로 정의돼온 일을 하지 않을 수 있어야 할 것이다. [……] '이번은 다르다'는 주장이 매우 근거가 있다는 뜻이다.

— 찰스 머리(2016)

서문

복잡하고 논쟁적인 주제에 관해 짧은 책을 쓴다는 것은 조금 위험한 일일 수 있다. 하지만 여기서, 과학, 기술 그리고 사회가 만나는 이 지점에서 다루는 문제들은 우리 모두의 문제이며, 피할 수 없는 문제이기도 하다.

여러 해 동안 나는 일자리의 미래에 관한 문제를 생각해왔으며, 정책 결정자들과 다른 리더들이 이 문제에 대해 토론할 수 있는 자리를 만들려고 노력해왔다. 3~4년 전만 해도 이 문제에 대해 이야기할 준비가 되어 있는 사람은 거의 없었다. 그나마 지금은 빌 게이츠(Bill Gates), 래리 서머스(Larry Summers), 찰스 머리(Charles Murray) 같은 사람들이 이 문제를 언급하고, 관련 책들이 많이 나오고 있는 것을 보면 최소한 공공 영역의 주변부에서 이 문제에 대해 토론이 이루어지고 있다고 할 수 있지만, 상황이 크게 바뀌었다고 보기는 힘들다. 정치 지도자들은 여전히 이 문제와 이 문제가 미치는 엄청난 영향에 대해 언급을 피하고 있다.

이 문제와 관련해 나는 개인적인 경험에서 많은 것을 배울 수 있었다.

몇 년 전, 실리콘밸리에 고객들을 가지고 있는 글로벌

로펌의 파트너 두 명과 점심 식사를 한 적이 있다. 머릿속에 갖가지 생각이 떠올랐다. 어떤 와인을 시킬 것인가부터 시작해 어떻게 하면 연방 정부가 혁신에 더 중점을 두도록 만들 수 있을까 등의 생각이 그것이었다. 하지만 이 파트너들은 그런 대화를 할 것이라고는 생각하지 않았던 것 같다. 두 파트너 중 상급자가 내게 물었다. "일자리를 없애는 것이 아닌, 일자리를 만드는 혁신적인 방법을 언제쯤 우리가 생각해낼 수 있을까요?" 나는 이렇게 질문에 한다는 것에 너무나 놀랐다.

얼마 안 지나서, 워싱턴 DC에 돌아와, 미국 노동부의 고위 관료와 만찬 자리에서 만나게 되었다. 나는 이 문제를 노동부의 어떤 부서가 다루고 있는지 물었다. 아무도 이 문제를 다루지 않는다는 대답을 들었고, 화제는 곧 바뀌었다.

내가 이끄는 정부의 싱크탱크는 얼마 전 미국노동총연맹-산별노조협의회(AFL-CIO: American Federation of Labor and Congress of Industrial Organizations), 정부의 경제학자, 기술 분야의 구루(guru) 마셜 브레인(Marshall Brain)을 초청해 토론회를 한 적이 있다. 나는 이 문제를 연구하고 있는 AFL-CIO 사람에게 질문을 던졌다. 그 사람이 아무 대답을 안 하자 나는 조심스럽게 AFL-CIO가 지금 하고 있는 것을 모두 멈추고 이 문제에 초점을 다시 맞춰야 할 것 같다고 제안했다. 하지만 토론이 진행되어도 그 사람은 그 문제에 대해 별로 신경을 쓰지 않는 것처럼 보였다. 그래서 나는 자율주행 트럭을 언급해 그 사람의 주의를 끌어보려고 했다. 10~15년 안에 전미트럭운수노조(Teamsters)의 노조원이 한 명도 없게 된다면 어떨까? 그

바로 뒤, 나는 한 영국 연구소가 런던에서 비슷한 주제를 다뤘을 때 참여하게 되었다. 그때도 노조의 시각은 사회적 통념과 거의 비슷했다. 노조 지도자들도 자신들이 러다이트[Luddite: 기계파괴운동 참가자]로 낙인찍힐 것을 두려워하는 것 같아 보였다.

바로 얼마 전에는 세계은행의 경제학자들로부터 초청장이 날아왔다. 나는 공포를 느끼면서 그들의 '소굴'로 갔다. 흥미로웠던 것은, 내가 말을 마쳤을 때 아무도 내게 '경제학'에 의하면 모든 것이 잘될 것이라고 말하지 않았다는 사실이다(기술진보주의자들techno-booster이 가끔 그런 이야기를 한다). 물론, 앞으로 알게 되겠지만, 역사상 가장 중요한 경제학자들 중 일부가 같은 맥락에서 경종을 울렸으며, 이 문제는 서서히 주류 토론의 영역으로 스며들고 있다.

또 얼마 전에는, 100년 후의 세상이 어떻게 될 것인가 하는 흥미로운 토론에 초청을 받았다. 페르난두 엔히키 카르도주 브라질 전 대통령이 보낸 초대장은 오늘 태어난 아기는 100년 후에도 살아 있을 것이라는 재미있는 명제를 담고 있었다. 우리는 자녀나 손자가 있기 때문에, 그들의 관심사가 어디에 있을지, 그들의 미래가 어떻게 될지 예측하기 위해서는 매우 장기적으로 생각해야 할 필요가 있다. 이 문제는 '학문적인' 것이 아니다. 내가 유언, 링컨, 기디언과 다른 손자들에게 미래의 직업을 위해 어떤 계획을 짜야 한다고 말해야 할까? 우리는 학자, 사상가, 정치인, 비즈니스맨, 기술 전문가, 시민사회 대표 등으로서 이 문제를 다루고 있다. 하지만 우리 자신이 노동자로서, 부모와 조부모로서 이 문제를 다루기도 한다. 우리의 아이들, 또

그 아이들의 아이들에게는 어떤 미래가 펼쳐질까?

우리는 그전에는 없었던 번영의 시대, 발전된 세상에서 자랐다. 우리 사회에는 가난한 사람들과 부유한 사람들이 공존한다. 그리고 이 글로벌 사회에는 수억 명이 극심한 빈곤 상태에 있으며, 하루하루를 겨우 살아가는 사람들과 이른바 1%라는 사람들 사이에 어마어마한 격차가 존재한다. 인류를 가진 자와 못 가진 자로 갈라놓는 이런 심각한 경제적 격차가 가져오고 있는 분열의 의미는 무엇일까?

우리는 글로벌 사회의 번영된 미래를 기대한다. 우리 인류를 원시 시대, 농경사회와 산업사회를 거쳐 디지털 기술이 새로운 경제적, 사회적 질서를 만들어내는 새로운 세상으로 인도한 상상력과 힘든 노동이 멋지게 결합되면 가능하다고 생각한다. 이러한 새로운 번영의 핵심 요소는 지난 수세기 동안 인간이 살아가기 위한 유일한 방법이었던 힘든 노동에서 많은 사람들이 해방되는 것임은 말할 나위가 없다. 우선 우리는 간단하지만 강력한 도구를 만들었다. 그리고 동물을 이용하게 되었다. 그다음에는 산업혁명으로 증기의 힘과 다양한 기계가 결합되었다. 그렇게 역사가 이어졌다. 전 세계적으로 산업이 발전하고, 디지털 혁명의 빠른 확산으로 인터넷을 통해 지식에 대한 거의 보편적인 접근이 가능해지고, 수억 명의 가난한 사람들이 모바일 기술을 통해 글로벌 지식경제에 편입되었다.

이런 과정을 거치면서, 우리는 가장 최근에 만들어낸 도구인 새로운 기술 '종'(species)의 발전으로 우리 어깨에 짊어졌던 노동의 부담을 덜고 전에 없던 번영을 맞고 있다. 새로운 기술 종이 발전하는 속도와 복잡성을 고려하면, 아마 우리는 점점 더 할 일이 없어지게 될 것이다. 노버

로봇과 일자리

트 위너(Nobert Wiener)가 알기 쉽게 "노예 경제"(slave economy)라고 이름 지은 상태로 진입하고 있는 것이다. 가치를 만든다는 노동의 중요성이 점점 줄어들면서, 자본 소유자로 경제 권력이 급격하게 이동하는 것은 새로운 분배 모델을 발전시킬 수 있는 우리의 민주주의 역량을 시험하게 될 것이다. 또한 우리는 전에 없던 전혀 새로운 상황을 맞을 수도 있다. 케인스가 "새로운 유한 계급"(new leisured class)의 부상이라고 설명한 상황으로, 활동을 위해 생긴 시간이 더 이상 생계를 유지하기 위해 돈을 버는 것과 연결되지 않게 되면서 인류 사회가 근본적인 도전에 직면하는 상황을 말한다.

물론 이렇게 말하는 것은 과장일 수도 있다. 혹은 너무 먼 미래의 이야기일 수도 있다. 하지만 확실한 것은 '러스트 벨트'(rust belt)의 구조적 실업 여파가 스킬에 바탕을 둔 일자리에 규모와 상관없이 영향을 미치는 것처럼, 노동시장이 격변을 맞게 될 것이라는 사실이다. 그리고 우리는 새로운 일자리가 생겨나 노동자들이 적응하고 재교육을 받을 수밖에 없는 상황이 올 것이라고 확신한다. 또 하나 확실한 것은 중대한 위험이 있을 것이라는 사실이다. 래리 서머스, 찰스 머리가 지적하고 리카도와 케인스가 예측했듯이, 새로운 일자리가 분명하게 나타나는 동안, 우리는 '완전고용' 경제와는 완전히 멀어지는 근본적 변화를 겪게 될 것이라는 위험에 처해 있다. 우리는 노동시장, 소득과 부, 시간 사용의 이런 잠재적인 변화의 의미에 대해 깊이 생각해야 한다. 이런 일이 일어날 가능성에 대한 개인적 생각이 무엇이든, 우리는 최선을 다해 준비해야 한다.

우리는 개인 차원에서 그렇게 해야 하지만, 특히 우리

와 글로벌 사회를 대표해 용단을 내리는 정치 지도자나 다른 분야의 지도자들은 더 큰 책임의식을 느껴야 한다. 이 논의에 그들이 빠지는 것은 이상하고 불안한 일이다. 이제 그들이 참여해야 할 때다.

나이절 M. 드 S 캐머런
워싱턴 DC, 2016년 9월 24일

차례

서문 9

서론 순진함을 버릴 때가 왔다 17

제1장 비인적 자원 29
　자율주행 자동차 33
　법률, 금융, 컴퓨터 서비스와 경영 42
　교육, MOOC 현상 45
　노인 돌봄과 간호 49
　심리학과 정신의학 51

제2장 "어리석은 러다이트들" 55
　상황은 진짜로 변화할 수 있다 61
　뉴 노멀의 오류 64
　미래에 대해 분명하게 생각하기 68

제3장 러스트 벨트에 오신 것을 환영합니다 71
　실업의 지형 75
　고용의 새로운 원천? 83
　소망적 사고? 88
　혼란에 대한 합의를 향하여 92

제4장 합의를 구축하고 준비하기   95

    사람들을 준비시키기   98

    정부를 준비시키기   100

    보편 소득?   104

    노동력을 준비시키기   107

    우리 자신을 준비시키기   109

    뒤돌아보기와 내다보기   113

    감사의 말   115

    참고문헌   117

    찾아보기   121

서론
순진함을 버릴 때가 왔다

경제학자들은 기술이 고용에 미치는 영향에 대해 오랫동안 생각해왔다. 어떤 때는 불안감을 가지고 생각했지만, 많은 경우에는 항상 일자리가 충분히 있을 것이라는 확신을 가지고 그래왔다. 최근 로봇공학과 인공지능(AI)의 급속한 발전은 이 문제를 생각하게 만든다. 이렇게 이견이 많은 무엇인가를 어떻게 이해해야 할까?

> 운전사, 웨이터, 간호사, 그 어떤 분야가 되었든 소프트웨어 대체는 진행되고 있다. 시간이 지남에 따라 기술은 일자리 수요를 줄일 것이다. 특히, 낮은 수준의 스킬을 요하는 일자리는 더 그렇게 될 것이다. 지금부터 20년이 지나면 많은 스킬에 대한 노동 수요가 상당히 줄어들 것이다. 나는 사람들이 이런 상황을 염두에 두고 있지 않다고 생각한다.
> — 빌 게이츠, 미국기업연구소(American Enterprise Institute) 연설(2014)

이 책을 쓸 때 미국 피츠버그에서는 놀라운 실험이 막 시작되었다. 모바일 앱에 기반을 둔 택시 호출 서비스인 우버가 자율주행 자동차 서비스를 제공하기 시작한 것이다(Dwoskin & Fung, 2016). 우버는 택시에 위협을 가하고 수십만의 아마추어 운전자들에게 일자리를 제공한 서비스다. 10년 전만 해도 생각도 못 했고 그때 이후로 실험 단계에 머물렀던 것이 이제 상업적으로 이용되기 시작한 것이다. 이 사건은 인간과 기계, 일자리의 관계에서 어떤 의미가 있을까?

우리는 대토론의 시작 선상에 서 있다. 어떻게 보면 이 문제는 간단하다. 그것은 로봇이 우리의 일자리를 빼앗을 것을 우리가 걱정해야 하는지 아닌지에 대한 것이다. 이 문제에 대한 토론은 기후 변화가 인류에 미치는 영향에 대한 토론만큼 엄청나게 중요한 영향을 미치는 것이다. 하지만 지금까지 이런 토론은 공공 영역에서 이루어지는 대화의 주변부에 방치되어왔고, 지도자들은 이 문제를 근본적으로 무시해왔다.

사회적 통념은 우리가 걱정할 필요 없다는 것이다. 일부 기술 지지자들도 이 문제에 대해 걱정할 필요가 없다고 소리를 높여왔다. 하지만 한편으로, 지난 100년 동안 가장 영향력 있었던 케인스나 '사이버네틱스의 아버지' 노버트 위너 같은 사람들은 기계지능(Machine Intelligence)의 진보가 인간 고용을 붕괴시킬 가능성이 높다고 이야기해왔다. 지금까지 우리가 새로운 기술을 접했을 때를 생각해보면, 새로운 기술이 개인과 산업을 무너뜨렸을 수 있지만 새로운 일자리와 더 큰 부를 창출해온 것이 사실이다. 하지만 우리의 최근 발명품인 인공지능으로 작동하는 기계에도 이 상황이 적용될 수 있을까? 이 기계들은 지금까지 인간에게 고용을 제공하던 많은 종류의 특정한 일을 수행하도록 만들어진 기계들이다.

물론 이 토론에는 단순히 두 가지 시각만 있는 것이 아니라 모든 종류의 시각이 다 있을 수 있다. 어떤 사람들은 앞으로 몇십 년 안에 인간의 일 대부분이 사라질 것이라고 예측한다. 또 다른 극단에는, 이 문제를 꺼내는 사람들을 진보의 장애물이며 러다이트같이 행동하는 사람이라고 생각하는 사람들도 있다.* 그 중간에 합리적인 기대가 존재하기도 한다. 새로운 일자리가 대량으로 생겨나 기계에게 갈 일을 사람이 한다고 해도, 그 혼란은 초기의 산업 변화와 비슷하게 될 것이라는 예측이다. 산업혁명에서 시작해 '러스트 벨트'를 초래한 최근 미국과 영국의 제조업 붕괴와 이에 따른 노동자들의 길고도 고통스러운 전이 과정까지를 생각하면 된다. 하지만 결국, 기술적 변화는 (정부와 법 제도의 반응에 의해 형성되는) 사회적 맥락 안에서만 우리에게 영향을 미친다는 것을 감안하면, 우리는 다음 질문에 직면하게 된다. '우리는 이런 만일의 사태에 어떻게 대비하고 있는가?'

우리는 앞으로 어떤 일이 일어날지는 모르지만, 노동 시장에 닥쳐올 커다란 혼란이 있다면 걱정을 해야 한다는 것은 안다. 현대 사회는 경제학자들이 '완전고용'이라고 부르는 것을 전제로 돌아가고 있다. 완전고용은 모든 사람이 풀타임 일자리를 가진다는 의미가 아니라, 일자리를 원하는 사람 대부분이 일자리를 얻을 수 있다는 뜻이다. 앞으로 10년, 20년, 30년 후에도 사회는 이런 식으로 돌아갈까?

* 역사가들은 네드 러드(Ned Ludd)가 실존 인물이 아니었다는 데 대체로 동의한다. 네드 러드가 처음 언급된 것은 1811년에 다수의 '기계 파괴자들'이 양말 짜는 기계를 부수고, 고용주들이 '네드 러드'라는 사인이 된 협박 편지를 받았던 영국의 러들로에서였던 것으로 보인다.

가능성은 별로 높아 보이지 않는다.

어떤 일이 일어날지 우리가 모르기 때문에, 우리가 직면한 상황을 두 가지 질문으로 요약할 수 있다.

1） 새로운 일자리가 생겨나 기계에게 갈 일을 사람이 할 수 있게 된다는 통상적 가정에 기초하면, 그 전이 기간에 어떤 종류의 노동시장 혼란을 예상할 수 있을까?
2） 새로운 일자리로 상쇄되지 않는 대량 실업이 발생할 수 있다는 생각은 터무니없는 것인가, 심각한 가능성으로 받아들여야 하는가?

학술적 토론과 기술 분야 또는 다른 분야 여론 주도층의 참여에도 불구하고, 정부가 이런 질문들을 심각하게 받아들이고 있다고 생각할 수 있는 근거는 어디에도 없다. 단순하게, 첫 번째 질문에 대한 대답이 "노동시장의 혼란은 별로 없을 것 같다"이고, 두 번째 질문에 대한 답이 "그렇다. 순수 실업이 대량 발생할 것이라는 생각은 터무니없다"라면, 우리는 걱정할 필요가 없다. 이 책의 주장은 이 두 가지 반응이 모두 위안을 주는 답이라는 것이다. 그리고 이 반응들은 잠재적으로 위험한 답이기도 하다. 우리가 직면한 위험을 진보로 잘못 평가하고 있기 때문이다.

하지만 어떻게 우리의 반응을 결정해야 할까? 우리가 개인적으로 '모를' 때, 그리고 이슈가 사실은 다소 복잡할 때, 하나의 접근 방법은 자신의 의견을 표명한 현명한 사람들이 있는지 찾아보고, 그 과정에서 그들이 우리가 그 대화에 참여할 수 있도록 문을 열어두었는지를 알아보는 것이다.

몇 가지 예를 들어보자. 앞에서 지난 1930년대에 연구와 저작 활동을 한 케인스와 위너를 언급했다. 좀 더 최근으로 와보자. 이 장의 앞에서 게이츠는 이렇게 말했다고 썼다. 노동 수요는 줄고 있고, "우리는 이 상황을 염두에 두고 있지 않다." 미국의 가장 유명한 지성인 두 사람이 최근이 영역으로 진입했다는 것은 놀라운 일이다. 미국의 재무부장관과 하버드 대학교 총장을 역임한 래리 서머스는 정치적으로 가장 진보적인 입장에서 전환을 경험했고, 이제는 '러다이트'가 옳을 수도 있다고 생각한다(Summers, 2013). 반면, 보수적 지성인인 찰스 머리는 『월스트리트 저널』 기고문을 통해 미국기업연구소의 입장을 대변했다. 다가오고 있는 노동시장의 혼란과 새로운 고용 패턴을 보편적 기본소득(Universal Basic Income)에 대한 그의 주장의 일부로 본다(Murray, 2016).

퓨 리서치 센터(Pew research Center)는 최근 일자리 자체뿐만 아니라 '전문가들'(experts)의 생각이 현실화할 가능성을 연구하는 데 초점을 둔 재미있는 프로젝트를 실행했다(Smith & Anderson, 2014). 전문가들의 의견이 갈리는 것은 놀라운 일이 아니었지만, 그 갈리는 정도가 너무나 뚜렷했다. "2025년이 되면 네트워크화되고 자동화된 인공지능 응용 프로그램과 로봇 장치가 만들어내는 일자리의 수보다 이들로 인해 없어지는 일자리의 수가 더 많아질 것인가?" 하는 질문에, 2천 명이 넘는 응답자 중 48%는 "그럴 것이다", 52%는 "그렇지 않을 것이다"라고 대답했다.

이 결과에 대해 『하버드 비즈니스 리뷰』의 필자 월터 프릭(Walter Frick, 2014)은 "자동화에 의해 자신이 밀려날 것이라고 생각하는 사람들에게 전문가들의 의견이 갈린다는 사실은 위로로 생각될 수 있다. 하지만 불행하게도, 이 사실은 결코 위로가 될 수 없다"고 말했다. 프릭은 이어 (시카고 대학교 경영대학원이 실시한) 다른 조사 결과를 인용했다. 과거에 자동화가 미친 영향에 대한 생각을 경제학자들에게 물어본 조사였다. "자동화의 발전으로 인해 역사적으로 미국 내 고용이 줄어든 적이 없다"는 말에 실제로 동의하지 않는 사람은 2%에 불과했다. 다른 말로 하면, 경제학자들은 과거에 대해 "기술이 단기적으로는 노동자들을 쫓아낼 수 있지만, 장기적으로는 고용을 줄이지 않는다"는 '사회적 통념'(conventional wisdom)에 거의 동의하고 있다는 뜻이다. 전문가들에게 미래를 전망하라고 요청한 퓨 리서치 센터의 조사 결과가 극적으로 갈렸다는 사실은 "기술적 혼란이라는 이 물결이 실제로는 다를 수 있다는 인식을 나타내준다." 따라서 이 문제의 핵심은 "이번에는 다를 것인가?"라는 물음이라고 할 수 있다. 그렇다면 왜 다를 것인가? 우선 과거에는 교육과 스킬 개발 면에서의 변화를 노동자들에게 적용하는 데 훨씬 더 많은 시간이 필요했다. 퓨 리서치 센터 조사에 응답자로 참여했던 미래학자 브라이언 알렉산더(Brian Alexander)는 다음과 같이 썼다. "교육 제도는 '기계와 경쟁할 수 있는' 졸업생들을 배출할 수 있는 제도로 변화할 수 있는 준비가 돼 있지 않다. 시간 면에서도 그렇고, 규모 면에서도 그렇다. 독학자들은 항상 그렇게 해왔기 때문에 앞으로도 잘할 것이다. 하지만 사람들 대부분은 잘못된 경제에 대비해 준비를 하고 있다."(Smith & Anderson, 2014에서 인용)

퓨 리서치 조사 결과와 관련된 포인트를 과학 저술가이자 『이코노미스트』의 부편집장인 톰 스탠디지(Tom

Standage)는 이렇게 짚었다. "이전의 기술혁명은 훨씬 더 느린 속도로 일어났다. 따라서 사람들을 재교육시키는 데 시간이 더 많이 걸렸고, 사람들은 숙련되지 않은 일에서 또 다른 형태의 숙련되지 않은 일로 옮겨 갔다. 로봇과 인공지능은 특정한 형태의 숙련된 일조차 쓸모없게 만들 조짐을 보이고 있다." 그렇다면 왜 이 문제에 대한 훨씬 더 진지하고 분명한 대화가 이루어지지 않고 있는 것일까?

부분적으로는 이런 이유에서일 것이다. 이 문제를 제기하면 누군가가 험담을 할 수도 있기 때문이다. 구체적으로는 전설적 인물인 '네드 러드'를 들먹일 것이다. 러다이트로 불리고 싶은 사람은 아무도 없다.

또 다른 이유는 이 문제가 복잡하다는 것이다. 기술은 이해하기 어렵고, 기술이 미치는 영향은 예측이 불가능하다. 게다가 이 문제에 관련해서는 정치적 위치도 정확하게 드러나지 않는다. 좌파든 우파든, 출세를 하려는 지도자는 기술에 반대하는 사람으로 보이고 싶어 하지 않는다.

또는, 정치는 단기적인 성향이 있는데, 이 문제는 장기적인 것이기 때문일 수도 있다.

하지만 현명한 사람들은 혼란이 결코 좋은 소식이라고 할 수만은 없으며, 디지털 혁명의 영향으로 우리가 혼란에 빠지게 된다는 것을 알고 있다. 디지털 혁명의 정상에는 인공지능의 급격한 진보가 자리하고 있다. 이 인공지능의 잠재력에 대해서 우리는 이제 막 이해하기 시작했다. 하지만 정책적인 면에서 그리고 개인적인 면에서 보면, 인공지능이 미치는 영향 중 압권은 일자리에 미치는 영향이다. 고용 전체에 미치는 장기적 영향에 대해서는 의견이 분분하지만, 인공지능과 로봇공학의 발전이 미래 인간의 일에 엄청난 영향을 미칠 것이라는 데는 폭넓은 합의가 존재한다. 생산성은 향상시키지만 그 과정에서 전통적인 일자리를 줄이거나 완전히 없애버릴 것이라는 생각이다. 퓨 리서치 센터의 조사 결과를 요약한 '주요 발견'은 다음과 같이 시작된다. "2014년에 인터넷의 미래 조사에 참여한 응답자 대부분은 2025년에 로봇공학과 인공지능이 일상생활의 많은 영역에 스며들 것이라고 예측했다. 로봇공학과 인공지능이 의료, 교통, 물류, 고객 서비스, 주택 보수 관리 같은 분야에 엄청난 영향을 미칠 것이라는 예측이다."

지도자들은 문제를 찾아내도록 요구해야 한다. 해답을 알고 있는 척하면서 대화를 끝내려는 사람들에게 떠밀려서는 안 된다. 앞에 무엇이 있을지 우리가 정말 모른다면, 신중한 리더는 위험을 주시하고 해를 끼칠 수 있는 가능성들을 심각하게 받아들여야 하기 때문이다. 이 문제에 대해서는 전문가들조차 생각을 바꾸기도 하며, 정책 결정자들은 변화하는 지형에 대비해야 한다. 하지만 기술과 의견이 모두 넘쳐날 때 이들은 어떻게 그 위험을 평가해야 하는가?

미국의 전 재무부장관 래리 서머스에 대해서는 이미 말한 적이 있다. 그는 이 문제를 실제로 다루면서 생각을 바꾼 몇 안 되는 유명 인사 중 한 명이다. 2013년에 "우리 어린이들을 위한 경제적 가능성"(Economic Possibilities for our Children)라는 강의에서 그는 이 책의 앞부분에서 인용한 케인스의 유명한 글을 의도적으로 재조명했다. 서머스는 MIT 학부생 시절에 이 문제에 대해 처음 자각하게 된 경험을 이야기했다.

이 토론에는 두 가지 분파가 있었습니다. 대부분 경제학과 외부에 있는 어리석은 러다이트 같은 사람들과, 현명하고 진보적인 사람들이었습니다. [……] 어리석은 사람들은 자동화로 일자리가 모두 없어지고 사람들은 할 일이 없어진다고 생각했습니다. 현명한 사람들은 생산량이 늘면 수입이 더 많아지고, 따라서 수요도 늘어난다고 이해했습니다. 모든 일자리가 사라지는 것은 가능하지 않았습니다. 따라서 자동화는 축복입니다. 나는 현명한 사람들이 옳았다고 배웠습니다.

서머스는 자신이 생각을 바꿔 사회적 통념에서 벗어난 데에는 이유가 있다고 했다. "몇 년 전까지만 해도 나는 이 문제가 아주 복잡하다고 생각하지 않았습니다. 러다이트들은 틀렸고 기술과 기술의 진보를 믿는 사람들이 옳다고 생각했기 때문입니다. 지금은 확신이 완전히 들지 않습니다."(Summers, 2013)

우리가 '완전히 확신하지' 못하는 한, 위협은 더 심각하게 받아들여야 한다. 서머스와, 존경받지만 좌파와 우파의 주변부에 있는 다른 사람들이 풀어놓는 시나리오는 걱정을 불러일으킨다. 이 책의 목적은 이들이 맞을 수도 있다는 사실을 존중하는 공공 토론과 정책의 전개를 촉진하고 이 토론과 정책에 영향을 미치는 것이다.

우리가 걱정하는 것을 원하지 않는 사람들은 농입 분야에서 일어났던 일을 언급하면서 토론을 프레이밍한다. 1870년대쯤, 미국인의 4분의 3 정도는 땅을 일구면서 살았다. 땅을 일구기 위해서 미국인들은 말 2500만 마리의 도움을 받았다. 오늘날 농업 분야에 고용된 미국인의 수는 약 1% 정도로 떨어졌다. 하지만 그 결과로 대량 실업이 발생하지는 않았다. 산업 경제가 시작되면서 결과적으로 전에 농민이었던 사람들에게는 새로운 일자리가 많이 주어졌다. 또한 새로운 기회들이 생기면서 농장 노동자였던 사람들은 새로운 스킬을 익히게 되었다. 하지만 말들에게는 그렇지 않았다. 농업의 기계화로 말들의 노동은 필요가 없게 되었다. 새로운 기계들은 서머스의 표현에 따르면 "정확하게 이전에 노동력이 하던 일을" 하도록 설계되었다. 말들은 도살장으로 가는 수밖에 없었다.

현재의 상황은 18세기, 19세기 초 산업혁명과 그 뒤에 이어진 기술 주도의 '혁명들'이 일어나던 때와 닮아 있지만, 완전히 새로운 점들도 있다. 똑똑한 기계들이 일터에서 인간의 역할을 점점 더 많이 빼앗아가면서, 가장 기본적인 질문은 현재의 우리가 재배치를 기다리는 농장 노동자 또는 말이냐 아니냐 하는 것이다. 상황을 어떻게 읽더라도, 우리의 지도자들은 노동시장에서 아마도 전에는 발생한 적이 없는 혼란의 시기를 준비해야 한다. 그 근거는 우리의 지도자들이 준비를 하고 있지 않다는 사실이다.

우리의 두 가지 문제로 돌아가보자.

첫째, 사회적 통념이 옳다고 가정하더라도, 우리는 완전고용의 기준을 만족시킬 수 있을 정도로, 바라던 '새로운 일자리들'이 충분히 생기기 전에 경제 전반에 걸쳐 직업과 산업이 붕괴되어 상당한 혼란에 직면할 가능성이 높다고 믿을 만한 충분한 이유가 있다.

둘째, 이런 일이 일어나지 않을 가능성, 새로운 일자리가 등장하는 속도보다 더 빨리 자본과 기술이 점진적으로 인간의 노동을 대체하는 것을 보게 될 가능성에 대해서 매우 심각하게 고려해보아야 한다. 우리의 지도자들은 집중해서 보아야 하는 가능한 결과 중 하나다. 또한 석학들은 우리가 어떻게 준비할 것인가 하는 문제를 다루어야 한다. 모든 선진 경제 국가들이 그동안 익숙해진 '완전고용' 기준이 붕괴될 위험이 있다. 그 위험이 얼마나 큰지 측정하기는 힘들겠지만, 중요한 일이다.

다음에 나오는 장들에서 우리는 기계지능의 일터 진입, 찬성 주장과 반대 주장, 잠재적인 중요성과 완화 요소, 행동을 이끄는 위험에 중점을 둔 합의를 이루어야 할 필요성에 대해 살펴볼 것이다. 그리고 왜 이 문제를 전문가나 대중이 심각하게 받아들이지 않는지를 물을 것이다.

현 상태에서 정책 결정자들은 어디서 방향을 틀어야 하는지 모르고 있다. 정책 결정자들이 자문단으로부터 주입받은 사회적 통념은 혁신을 배가하면 일자리 문제는 스스로 풀린다는 것이다. 한편 점점 더 많은 현명하고 뛰어난 사람들은 상황을 아주 다르게 보기 시작했다. 이들은 자신들이 보고 있는 현상이 미래와 정책에 대한 우리의 사회적, 경제적 가정에 근본적인 중요성을 지닌, 잠재적으로 주요한 문제라고 생각한다. 정책 결정자들은 이런 접근 방법들 중 어떤 것이 맞는지 모른다. 그들에게는 이 문제를 풀 수 있는 사용 가능한 메커니즘도 없다. 그들에게 필요한 것은 이런 다른 가능성들을 통합해 위험에 초점을 맞춘 단 하나의 접근 방법으로 만드는 것이다.

그것이 내 주장이다.

제1장
비인적 자원(Non-Human Resources)

기계가 얼마나 많은 일자리를 빼앗아갈지 전문가들의 의견은 갈리지만, 이미 기계지능은 많은 사람들이 느끼는 것보다 더 많은 분야에서 전통적으로 인간이 하던 일에 적용되고 있다. 컴퓨터화가 진행되어도 영향을 받지 않을 것으로 보이던 고도의 스킬이 필요한 직업들 일부에도 기계지능이 적용되고 있으며, 이런 적용이 가지는 경제성은 인간에게 위협이 되고 있다. 노버트 위너가 지난 세기 중반에 예측했듯이, (이렇게 되면) 우리의 경제는 남북전쟁 이전 미국과 그리스-로마 시대의 노예 경제와 가장 가까워진다.

> 자동기계는, 우리가 그 기계에 감정이 있다고 생각하든 없다고 생각하든, 노예 노동의 정확한 경제적 등가물이라는 것을 기억하자. 노예 노동과 경쟁하는 노동이라면 그 어떤 노동이라도 노예 노동의 경제적 조건을 받아들여야 한다. 노예 노동이 현세의 경기 후퇴와 1930년대의 대공황조차 유쾌한 장난으로 보이게 만드는 상황을 만들어낼 것은 너무나 분명하다.
>
> — 노버트 위너(1950)

예측 가능한 미래에 어떤 일자리들을 기계에 빼앗길 가능성이 높은지에 대해서는 몇몇 구체적인 연구가 이루어진 바 있다. 미국 커피 하우스 체인 파네라(Panera)의 CEO 론 샤이크는 이 문제에 대해 간결하게 설명했다. "노동은 무너지게 될 것입니다. 그리고 디지털 활용도는 마치 아침에 해가 떠오르는 것처럼 계속해서 상승하게 될 것입니다." 그는 세계경제포럼 리뷰에서 이렇게 밝히고, 로봇이 "앞으로 10~20년 안에 미국 노동력의 절반까지 대체하게 될 수 있다"는 블룸버그 보고서를 인용했다(Peterson, 2015).

이 문제에 접근하는 방법은 두 가지가 있다. (퓨 리서치 센터 조사처럼) 어떤 일이 일어날지 '전문가들'에게 물어보는 방법과 일자리와 기술을 하나씩 검토하는 방법이다. 두 번째 방법은 옥스퍼드 대학교 경제학자 칼 베네딕트 프레이(Carl Benedikt Frey)와 마이클 오즈번(Michael A. Osborne)이 사용한 방법이다(2013). 이들은 미국 노동부가 903개 종류 이상으로 나눠놓은 현재 노동 인력을 일일이 분석하는 작업부터 시작했다. 이 분류를 702개로 줄이고 각각에 대해 기계에 자리를 빼앗길 수 있는 가능성을 평가해 값을 부여했다. 이들이 '컴퓨터화'(computerisation)라고 이름 붙인 것에 가장 영향을 적게 받을 것 같은 일자리부터 보자면, 리스트의 제일 위에는 레크리에이션 치료사가 있다. 가장 영향을 많이 받을 것 같은 일자리를 나타내는 맨 밑에는 텔레마케터가 있다.

기준은 명백하다. 인공지능과 로봇의 발전이 단순한 기계적 활동에 국한되는 것이 아니라 이미

이례적인 업무를 자동화하고 있으며, 복잡한 지각과

조작을 요하는 직업들, 창조적이고 지적인 업무, 사회적 지능이 필요한 일들은 앞으로 10~20년 안에는 컴퓨터 자원에 의해 대체될 것 같지 않으며, 설거지를 하는 사람에게 필요한 정도의 낮은 사회적 지능은 이러한 직업이 홍보 전문가 같은 직업보다 컴퓨터화에 더 영향을 받게 만든다는 것이다.

이들의 접근 방법은 일자리가 오프쇼링[off-shoring: 아웃소싱의 한 형태로, 기업들이 경비를 절감하기 위해 생산, 용역, 일자리를 해외로 내보내는 현상]에 얼마나 영향을 받는지를 평가한 기존 연구에 기초를 두고 있다. 결론은 이렇다. 미국 전체 고용의 약 47%가 '고위험'(high-risk)군에 속했다. "아마도 10~20년 안에 비교적 빨리 자동화될 것으로 예상되는 직업들"이다. 언론에 많이 인용되지는 않았지만, 게다가 19%는 '중간 정도의 위험'군에 속했다. 이 두 직업군의 합이 미국 총고용의 66%를 차지하고 있다.

프레이와 오즈번의 모델은 "교통과 물류에 종사하는 대부분의 노동자, 상당수의 사무실, 행정 보조 노동자, 생산직 노동자들이 위험에 처해 있다. 더 놀라운 것은, 지난 몇십 년 동안 대부분의 미국 일자리 성장이 일어난 서비스 직군의 상당히 많은 부분이 컴퓨터화에 크게 영향을 받고 있다는 사실이다"라고 예측한다. 프레이와 오즈번의 분석은 어떤 것이 위험에 처해 있는지에 대한 역사적 논의에 바탕을 두고 있다. 러다이트 폭동, 이와 유사한 민중의 저항운동과 함께 엘리자베스 1세 영국 여왕이 백성이 일자리를 빼앗겨 굶주릴 것을 우려해 특허 승인을 거절한 유명한 예를 들었다. "그것은 백성의 일자리를 빼앗아 그들을 파멸로 이끌고 결국 거지로 만들 것이 확실하다."

프레이와 오즈번의 접근 방법은 그 뒤에도 발전을 거듭했으며 도전을 받기도 했다. 선진 산업 경제국들의 '싱크탱크'인 경제협력개발기구(OECD)의 보고서를 통해서다. 이 보고서(Arntz, Gregory & Zierahn, 2016)는 프레이·오즈번 분석의 상당 부분을 수용했지만, 프레이와 오즈번이 기계지능(또는 OECD 용어로는 '자동화 가능성automatability')으로 이동한다고 본 업무들(tasks)이 본질적으로 그들이 열거한 일자리들(jobs)을 구성한다는 전제에 집중했다. OECD 보고서는 일자리들이 포함하는 특정 업무들보다 이런 일자리들 자체의 많은 부분에 더 큰 변화가 있을 것이라고 보았다. 또한 이 보고서는 이런 직업들을 기계가 차지하는 것을 방해하는 윤리적, 법적 요소를 지적한다. 보고서는 47%가 아니라 9%가 위험에 처해 있다고 결론지었다.

뒤에 나오는 장들에서 우리는 이런 접근 방법들의 상대적 장점에 대해 평가하고, 오래된 일자리들이 기계에 의해 대체되면서 새로운 일자리들이 생겨나는지에 대해서도 생각해볼 것이다. 하지만 우선 여기서는 인간의 노동을 기계의 노동으로 바꾸기 위해 진지한 작업이 이미 진행되고 있는 몇몇 중요한 분야와 직업의 예를 들어보자. 어떤 경우에는 이미 사용되고 있는 기술에 대해서, 다른 경우에는 곧 사용될 기술에 대해서 이야기해볼 것이다. 하지만 이런 전망들 중 어느 것도 밝은 것은 없다. 이 전망들은 퓨 리서치센터의 조사 결과, 프레이·오즈번과 OECD의 구체적인 일자리 전망에 의해 널리 알려진 '전문가' 불확실성의 근거를 확연하게 드러내줄 뿐이다.

가장 잘 알려지고 가장 두드러진 예를 드는 것으로 시작해보자. 자율주행 자동차 또는 '무인 자동차'의 예다. 그리고 다른 고용 영역들도 더 간단하게 예를 들 것이다. 마지막으로는 직관적으로 더 '인간 중심의', 따라서 '더 안전한' 직업으로 보이는 것들에 위협이 되기 시작한 예들을 불안한 마음으로 살펴볼 것이다.

자율주행 자동차

자동차의 상업적 활용 면에서 주도권을 잡은 것은 우버지만, 자율주행 자동차를 발전시켜 세계인의 상상력을 사로잡은 것은 구글이다. 구글은 지금도 캘리포니아 공공 도로들을 모니터하고 있다. 잘 알려지지 않은 사실은, 구글과 함께 세계의 모든 주요 자동차 회사들이 같은 전선에 있다는 것이다. 운전자가 자동차를 모는 것을 돕고 회사의 데이터베이스와 연결해주는 정교한 전자장치가 장착된 이른바 '커넥티드 카'(connected car)가 그 시작이다(CB Insights, 2016). 이 커넥티드 카의 일부 모델은 현재 전이 형태(transitional form)를 띠고 있다. 근본적으로 실험적이고 아마도 곧 쓸모가 없어질 것이라는 뜻이다. 또 다른 일부 모델은 연속적 소프트웨어, 어쩌면 하드웨어가 구동 가능해 완전 자동화로 가는 과정을 밟아가고 있다. 어떤 자동차가 이미 바퀴가 달린 컴퓨터로 진화했는지, 그 정도를 아는 사람은 거의 없다. 예를 들어 별로 멋지지도 않고 첨단 기술 자동차로 보이지도 않는 포드 F150 픽업트럭은 1억 5천만 개의 소스 코드 라인으로 프로그래밍되어 있다(Saracco, 2016).

또한 이 소스 코드 라인들은 우리가 오랫동안 익숙해져 있는 기존의 시스템 위에 구축되며, 그 시스템 중에 가장 흥미를 끄는 것이 ABS[antilock braking system: 잠김방지 제동장치]다. ABS는 곤란한 상황에서 운전자의 지시를 무시하고 스스로 제동 결정을 내린다. 우리 자동차들은 이미 스스로 운전하기 시작한 것이다.

이 문제에 관한 토론에서 가장 불확실한 것 중 하나는 자율주행 자동차의 미래가 디트로이트에 달렸느냐, 실리콘밸리와 서부의 기술 집약 지역에 달렸느냐 하는 것이다. 디트로이트가 현재의 자동차에 디지털 장치를 적용하는 데 서툴다는 특징이 있다는 점을 감안하면, 자동차 비즈니스를 잘 안다는 자신감이 있는 전통적인 자동차 제조사들과 실리콘밸리의 기술 전문가들이 어떤 위치를 차지해야 하는지 알 수 있을 것이다. 이 상황을 잘 설명할 수 있는 예가 있다. 캐딜락 SUV를 렌트해서 몰고 있을 때였다. 속도를 세 번 알려주는 시각 디스플레이가 장착된 차였다. 내 머릿속 속도계 기준으로는 같은 속도를 두 번 표시해야 했다. 또 다른 크고 컬러풀한 숫자가 연료가 몇 퍼센트 남았는지 알려주는(74% 남았었다) 이유는 알 것 같았다. 물론 센터 콘솔도 있었다. 차 안 온도를 조절하는 데 쓰이는 동그란 손잡이들이 차지하던 공간을 후방 카메라 스크린이 차지하는 것이 더 쓰임새가 있는지는 모르겠지만 후방 카메라 스크린도 있었다(디지털 특성이 유일하게 돋보이는 장치였을 것이다). 온도 조절을 하는 것은 기존의 손잡이를 사용할 때보다 위험하지는 않았겠지만, 훨씬 더 힘들었다.

애플이 프로젝트를 진행하고 있다는 소문이 돌고, 테슬라가 주도권을 쥐고 최첨단 전기 자동차를 야심 차게 개발해오고 있긴 하지만, 우리 관심을 사로잡은 것은 분명히 구글 자동차다. 아직 운전자들이 주의를 기울이고 운전을 넘겨받을 준비를 해야 하는 상태지만, 테슬라 자동차는 이미 반자동 모드로 고속도로에서 주행하고 있으며 2018년에는 소프트웨어가 업데이트되어 운전자 없이 미국 전역을 횡단할 수 있는 정도가 될 것으로 보인다. 유럽의 자동차 회사 중 볼보는 2020년까지 '사고가 나지 않는' 자동차를 출시할 것이라고 발표한 바 있다. 자동차에 탄 사람이 부상을 입지 않도록 하겠다는 야심 찬 목표다. 안전에 관한 볼보의 전통적인 평판을 생각해보면, 볼보가 무사고 자동차 개발에 집중하는 것은 흥미 있는 일이 될 것이다. 볼보는 새로운 개발을 해서 위험을 무릅쓰기보다는 볼보를 유명하게 만든 요소를 강화하는 쪽을 선택한 것이기 때문이다. 폭스바겐이 대주주인 스카니아(Scania)는 '군집 주행'(platooning)이라는 개념을 연구하고 있다. 일련의 트럭들이 근접 호송 대열로 주행하면서 마치 기차처럼 맨 앞에 있는 트럭의 통제를 받는 방법이다. 인도의 거대 자동차 회사 타타(Tata)는 무인 주차 기술을 선보였고, 토요타 자동차는 MIT와 스탠퍼드 대학교 연구센터에 투자하고 있다(Hoge, 2016).

한편, 우버는 (자신도 잘 모르는) 무인 택시 시장에서 주도권을 쥐고 있다. 우버는 대단한 성취를 이루면서, 최근에는 카네기 멜런 대학교로부터 인공지능 연구자들을 대거 고용해 도움을 받고 있다(50명이라고 보도됨). 그리고 우리가 이미 알고 있듯이 이 책을 쓰고 있을 때를 기준으로 피츠버그에서 무인 자동차 시범 서비스를 하고 있다. 우버는 전체 운송 경제 상황이 소유 기반의 자동 사용 모델보다는 서비스 기반의 자동 사용 모델에 의해 전복될 때 비즈니스 모델을 안착시킬 계획을 하고 있는 것이 분명하다. 우버 앱을 클릭하면 무인 우버 택시가 바로 도착할 것이다. 승차 공유 시장이 엄청나게 커지는 새로운 상황에서 우버가 자신을 특징짓는 브랜드 존재감(brand presence)을 이어나갈 수 있을지에 대해 흥미진진한 토론이 이루어지기도 했다. 무인 자동차를 대여하는 것이 상품이 되어버린 상황에서 우버의 브랜드는 현실성이 없다는 것을 우버는 알아야 할지도 모른다. 어떤 경우든 우버 운전자라는 새로운 직업은 갑자기 없어질 수도 있다. 지금까지 우버는 실제로 많은 수의 새로운 일자리를 창출해낸 유일한 실리콘밸리 스타트업일 수 있기 때문에, 우버 운전자들의 일이 없어지는 것은 앞으로 닥칠 혼란이 미칠 극적인 초기 영향 중 하나가 될 것이다(Samani, 2015).

　『와이어드』에 따르면, 자동화된 자동차로의 전환은 트럭이 그 시작일 수 있다. 트럭의 기초 비용이 훨씬 더 높고, 자동화는 24시간 운행을 가능케 하고 보험 비용을 줄일 수 있기 때문이다(Davies, 2015). 미국 트럭운수협회에 따르면, 현재 350만 개의 트럭 운전 일자리가 있다. 트럭은 사고가 많이 난다. 2012년에는 이들 트럭 중 33만 대에서 4천 명의 사망자를 냈다(물론 대부분은 트럭 안에서 사망한 사람들이다). 이런 사고의 90%는 운전자 과실로 인한 것이었다. 탄광 회사들은 이미 무인 트럭(그리고 기차)을 광범위하게 사용하고 있다. 부분적으로는 인건비 때문이지만 안전 우려 때문이기도 하다(Santens, 2015; Strauss, 2015).

　보험도 중요한 요소가 된다. 직관에 반하는 생각 같지만, 자율주행 기술을 찬성하는 주요 근거는 안전이다. 속도 제한 시속 110km의 고속도로에서 무인 자동차가 달린다는 것을 상상하면 무서운 생각이 들겠지만, 사실 우리 인간도 우리가 하는 일의 많은 부분에서 그리 능숙하지 않다(그리고 이 사실은 기계지능이 떠맡을 다른 많은 영역에도 적용된다). 그렇기 때문에 교통사고가 그렇게 많이 발생하는 것이다. 해마다 미국에서는 교통사고로 수만 명이 죽고 수십만 명이 부상을 당한다. 인간의 집중력은 한계가 있다. 운전을 하다가 갑자기 자신도 모르게 32km를 달려왔음을 깨달을 때가 좋은 예다. 실제로 해마다 교통사고로 사망하는 미국인 3만 5천 명의 80%는 음주 운전, 과속, 부주의 운전의 피해자다. 컴퓨터가 운전을 한다면 이런 일은 일어나지 않을 것이다. 컴퓨터가 운전을 한다면 보험료는 급격하게 떨어질 것으로 예상되지만, (고속도로에서 사람이 운전을 하는 것은 곧 과거의 일이 될 수 있겠지만) 스스로 운전할 수 있는 사치를 누리고 싶다면 보험료는 훨씬 더 올라갈 것이다. 게다가 무인 자동차는 현재 인간이 모는 자동차보다 더 안전하게 운행을 하게 될뿐더러, 이 자동차들은 방어적으로 운전하게 될 것이다. 항상 360도 방향을 지각하고, 다른 자동차들과 (예를 들어 코너를 돌 때) 소통을 하면서, 무인 자동차들은 다른 차 운전자들의 실수로부터도 승객을 보호할 것이다.

또 하나의 바람직한 효과는 응급실로 달려가야 하는 일이 적어질 것이라는 점이다(따라서 의료 비용에도 연쇄적인 영향을 미칠 것이다). 물론 의료계의 일자리에도 영향을 미칠 것이다. 자동차 보험 업계가 축소되어 이 분야의 일자리도 줄어들 것이다. 한편, 무인 자동차가 사고를 일으켰을 때 책임을 누구에게 묻느냐는 문제는 볼보가 이미 대책을 세워놓고 있다. 볼보는 모든 책임을 자동차 회사가

지겠다고 밝혀 이 문제를 리드해나가고 있다. 다른 자동차 제조사들에게 기준을 제시할 수 있는 정책이다(*Insurance Times*, 2015)

세계 최대 보험 연합체인 런던 로이즈의 보고서(Lloyd's of London, 2014)는 자율주행 자동차에 의해 일어날 수 있는 실제적인 문제들의 일부에 대해 대책을 이미 제시하고 있다. 이 보고서는 개인 소유가 급격하게 감소하고, 사람들이 소유한 차가 아닌 자동차 제조사들로부터 렌트한 자율주행 자동차들이 훨씬 더 많이 사용되는 상황을 그려내고 있다. 로이즈는 이런 상황에서 발생할 수 있는 문제들을 다음과 같이 인식한다.

> 하지만 인간 운전자의 입력에 덜 의존하게 됨에 따라 자동차 기술과 관련된 위험이 더 늘어날 것이다. 컴퓨터는 인간 운전자가 할 수 없는 많은 일을 해낼 수 있다. 안개가 낀 곳이나 어두운 곳에서도 앞을 볼 수 있으며, 피로와 부주의의 위험에서도 자유로울 수 있다. 하지만 컴퓨터도 잘못 작동할 수 있으며 시스템은 설계자와 프로그래머가 만들어놓은 만큼만 작동할 뿐이다. 자동차에서 쓰이는 소프트웨어와 하드웨어의 복잡성이 증가하면서 작동이 잘못될 가능성도 그만큼 증가하게 된다.

그 결과로 로이즈는 인간이 운전대를 넘겨받을 필요가 여전히 존재하게 될 것이라고 예상한다. "운전자들이 자율주행 자동차를 감독해야 한다고 법으로 정해지면, 자동차를 믿을 수 있다고 해도 이 일에 집중하기가 어려울 것이다."

로이즈가 예상한 이 시나리오는 '자율주행'이 자동 속도 조정 시스템처럼 작동하는 과도기적 시나리오다. 이와는 대조적으로, 구글의 최신 시제품은 아예 핸들이 없게 설계되었지만, 캘리포니아 주정부가 강요해 나중에 핸들이 추가되었다. 실제로 이런 반 정도의 무인 자동차는 만약의 경우를 대비하는, 조절장치가 없는 완전한 무인 자동차보다 더 문제가 많을 수 있다. 스스로 운전해야 할 때에도 제대로 집중하지 않는 성향이 있는 인간 운전자들이 운전에 반 정도만 집중하는 것은 특히 위험해 보인다.

　　게다가 무인주행 기술은 자동차 시장을 극적으로 바꿔놓을 것이다. 앱을 클릭하면 바로 차가 문 앞에 온다면 자동차를 살 필요가 있을까? 몇몇 도시에서는 벌써 우버의 자동차 공유 서비스로 자동차 소유가 줄어들고 있다는 증거가 나타나고 있다. 우버 택시를 이용하는 것이 택시를 부르는 것보다 훨씬 더 편리하기 때문이다(더 싼 경우도 많다). 밀레니얼 세대들 사이에서 자동차 구입은 상당 기간 동안 감소해왔다(Schwartz, 2015). 실제로 미시간 대학교 연구 결과에 따르면 자동차 소유는 최대 43% 줄어들 수도 있다. 이 연구는 현재 미국 가정당 평균 2.1대의 자동차를 소유하고 있다는 점에 주목했다. 이 비율이 1.2대까지 떨어질 수 있다고 이 연구는 주장한다(Schoettle & Sivak, 2015).

　　이 수치도 사실은 과소평가된 것일 수 있다. 연구자들은 전형적인 미국 가정이 여전히 자동차 한 대는 갖게 될 것이라고 가정하고 있다. 무인 자동차를 렌트하는 것이 편리하고 싸기 때문에 나머지 자동차 한 대는 없앤다는 주장이다. 일단 혁명이 시작되면 그 혁명은 쭉 진행될 가능성이 높다. 자동차 소유에 관한 또 다른 예측은 자동차 소유가 60~90% 줄어든다는 것이다. 이렇게 되면 자동차 제조업은 결정적 타격을 받게 될 것이다. 자동차 두 대가 필요 없다면 자동차 한 대는 왜 필요하겠는가? 소비자들에게 비용면에서 미치는 영향도 결정적일 수 있다. 〈인간은 필요없다〉(Humans Need Not Apply)라는 다큐멘터리에서 실리콘밸리 기업가이자 스탠퍼드 대학교 학자인 제리 캐플런(Jerry Kaplan, 2015)은 흥미로운 계산 결과를 보여준다. 미국 자동차협회(American Automobile Association)의 통계에 근거해 그는 개인의 이동 비용이 75%, 즉 1.6km당 60센트에서 15센트로 떨어질 것이라고 말하고 있다. 평균적인 가정에서 가처분 소득의 상당 부분을 이동이 아닌 다른 용도로 사용할 수 있게 되는 것이다. 또 다른 연구에 따르면, 이렇게 되면 미국 경제는 한 해에 최소 3조 달러의 이득을 볼 수 있다. 물론 이와 비슷한 낙관적인 전망을 들어본 적이 있다. 지난 1950년대에 핵에너지가 우리에게 공짜 전력을 제공할 것이라는 전망이 있었다. 하지만 자율주행 기술을 실제로 적용하게 되면서 이런 예측은 점점 사실이 되어가고 있는 것으로 보인다.

로이즈의 보고서는 우리가 자동차 소유를 넘어서게 되는 것에 대한 그들의 불편한 심기를 드러내고 있다. 로이즈는 영국의 조사 업체에 의뢰해 대부분의 사람들이 운전을 포기하는 것에 불안감을 느끼고 있다는 결과를 얻어냈다. "사람들은 컴퓨터를 신뢰하는 것에 불편함을 느끼며, 운전을 포기하기에는 운전 과정을 너무 좋아한다"는 내용이다. 물론 이 결과는 사람들이 극적인 변화에 익숙해지기 전에 하기 쉬운 생각을 나타내고 있다. 일단 서비스가 이용 가능해지고, 안전해지고, 편안해지고, 경제적이 되어도 사람들이 이런 식으로 생각할 것이라고 보긴 힘들다.

경제적인 포인트는 기본적인 것이다. (우리 대부분이 집 다음으로 자동차가 비싸다고 생각할 만큼) 자동차는 극히 비싸지만, 차고나 길거리에 세워놓는 시간이 대부분이다. 『비즈니스 인사이더』 기자 매슈 드보드(Matthew Debord, 2015)는 월스트리트의 한 애널리스트를 인용해, 자동차의 평균 이용률은 4%라고 보도했다. 하루에 겨우 한 시간만 자동차가 이용되는 것이다. 그리고 "이런 자동차 이용 패턴은 지난 100년 동안 크게 변하지 않았다. 그 애널리스트에게 이렇게 자동차를 이용하는 것은 엄청난 낭비이자 지속 가능하지 않은 모델이었다." 물론 이 주장은 자동차를 소유하면 얻을 수 있는 편리함과는 대립되는 것이다. 언제든지 필요하면 자동차를 사용할 수 있는 편리함이다. 드보드도 "나도 하루 종일 집 앞에 자동차를 세워두고 있지만, 언제든지 필요할 때 내 차를 이용할 수 있는 것이 정말 좋다"고 말했다.

시골 지역에서는 그 외 여러 가지 면에서 다른 것처럼, 사정이 앞으로도 오랫동안 좀 다르겠지만, 도시와 교외 지역에서 현명한 선택은 무인/렌트 자동차 전망에 굴복하는 것이다. 우버의 현재 서비스는 그 방향성을 어느 정도 제시하고 있다. 이미 우리는 택시를 부르는 것과 우버 택시를 렌트하는 것을 전혀 다르게 느끼고 있다. 그리고 프랑크푸르트 모터쇼에서는, 고급 자동차 제조사인 메르세데스-벤츠가 최근 자율주행 택시에 관한 계획을 밝히기도 했다. 메르세데스-벤츠의 모회사인 다임러 CEO 디터 체체(Dieter Zetsche)는 "도시에 점점이 흩어져 있는 자동차를 빠르게 이용할 수 있게 해주는, 자유롭게 돌아다니는 자동차 공유 서비스 제공자"가 되겠다고 말했다. 그는 이어 "택시가 연락을 하지 않아도 이용자의 일정에 맞춰 앞에 나타난다면 매우 실용적일 것"이라고 덧붙였다(Vincent, 2015).

더 넓은 범위에서 사회적인 반향은 엄청날 것이다. 아프거나, 고령이거나, 장애가 있거나, 너무 어려서 운전을 할 수 없는 사람들이 이 자율주행 택시로 인해 얻게 될 이동의 자유를 생각해보자. 이렇게 직장에 출근을 하고, 파티에 갈 수 있다고 생각해보자(물론 음주 운전이나 운전 중 휴대폰 사용을 금지하는 것도 더는 의미가 없어질 것이다). 직장 환경(또는 수면 환경)에서 택배 서비스의 발달로 몇백 킬로미터밖에 안 되는 거리를 비행기로 여행할 필요가 없어지면서, 우리는 과거에 비해 더 많이 자동차를 이용하게 될 것이다. 자율주행 자동차에서는 충분한 수면을 취할 수 있기 때문에 호텔의 이용도 줄어들 것이다. 자율주행 자동차 이용과 연계된 새로운 형태의 모텔이 생겨날 수도 있다(차 안에서 수면을 취하고 목적지에 도착해서 샤워를 할 수 있는 형태의 모텔 같은 것일 수 있다). 그리고 이것은 시작에 불과하다. 기계지능을 간단한 인간의 활동인 운전에 적용한 결과일 뿐이다.

법률, 금융, 컴퓨터 서비스와 경영

무인 자동차가 나타나면서 기계지능이 미치는 영향은 처음에 눈으로 보는 것보다 훨씬 더 커지고 있다. 단순히 ATM[현금자동입출금기]과 슈퍼마켓 계산대 같은 것에 기계지능을 적용하는 것은 별 무리 없이 보인다. 하지만 로봇공학/인공지능 혁명은 그런 낮은 수준의 스킬을 요하는 업무의 범위를 훨씬 넘어선다. "정교한 알고리듬은 준법률가, 계약과 특허 변호사들이 하는 업무의 많은 부분을 서서히 대체하고 있다. 더 구체적으로, 현재 로펌은 컴퓨터를 이용해 수천 건의 사건 서류와 판례를 검토해 재판 준비를 하고 있다." 예를 들어 57만 건의 서류를 이틀 안에 분석하고 분류할 수 있는 시스템도 존재한다(Frey & Osborne, 2013).

중요한 것은 여기서 컴퓨터의 역할이 텍스트와 데이터베이스를 검색하는 것에 그치지 않고 훨씬 더 정교한 업무를 처리하는 데까지 점점 확장되고 있다는 점이다. 이렇게 되면 고용과 관련해 기계지능이 낮은 수준의 스킬을 요하는 업무나 경제적인 면에서 아주 적은 부분에만 영향을 끼칠 수 있다고 너무 성급하게 생각한 사람들은 걱정을 해야 하는 상황을 맞을 수밖에 없다. 정교한 판단이 필요한 직업들도 점점 컴퓨터화의 영향을 받고 있다. 그런 업무들과 관련해 알고리듬의 편견이 없는 결정은 인간의 결정에 비교우위를 보여주고 있다. 중환자실에서처럼 매우 도전적이고 중요한 결정을 내려야 하는 상황에서, 알고리듬은 인간에게 추천 사항을 권고할 수도 있다. 다른 상황에서는 알고리듬 자체가 적절한 의사 결정의 책임을 지게 될 것이다.

아마 가장 놀라운 것은 이런 상황일 것이다. "소프트웨어 엔지니어의 일조차 곧 많은 부분이 컴퓨터화될 수도 있다. [……] 코드가 쌓여 거대한 데이터베이스를 이루게 되면 알고리듬이 어떻게 프로그램을 작성해 인간이 제공한 세부 사항을 만족시킬지 배우게 될 것이고, 이렇게 알고리듬이 인간의 판단을 넘어서는 일이 점점 더 흔하게 될 가능성이 높다."(Frey & Osborne, 2013) 프레이와 오즈번은 이어 "정교한 알고리듬이 전 세계적으로 약 1억 4천만 개의 풀타임 지식노동자의 일을 대체할 수 있다"는 예측을 인용했다. 상당히 극적이다. 아니, 오싹하게 만드는 소식이다. 그리고 기술교육인 STEM[스템 교육: 과학, 기술, 공학, 수학의 통합 교육]이 자동화를 통한 실업에 대처할 수 있는 해답이라는 사회적 통념과 연관된 것이기도 하다.

경력의 최고봉을 향해 아직도 올라가고 있으며, 이사회와 기업 리더십 분야의 구루이기도 한 루시 마커스(Lucy Marcus, 2015)는 이렇게 말한다. "터무니없는 소리로 들릴 수도 있지만, 세계경제포럼의 글로벌 의제 협의회(Global Agenda Council)가 조사한 800명의 중역 중 45%는 2025년에는 인공지능이 이사회의 일원이 될 것이라고 예상했습니다." 마커스는 이어 자신은 나머지 55%에 속해 있으며, 인공지능이 실제로 이사회의 일원이 될 것이라는 데 회의적이라고 말했다. 정책 결정자들에게 데이터는 여전히 중요하겠지만, 결정은 (투표를 하는) 인간이 하게 될 것이라는 입장이다. 단기적 측면에서는 마커스가 옳을 수도 있다. 하지만 복잡한 결정을 내려야 하는 인간에게 단순히 원자료(raw data)를 제공하는 존재로 기계지능을 보는 것은 실수다. 기계들은 금융시장에서 이미 우리가 보았듯이(2008년의 금융시장 붕괴 당시에도 기계가 붕괴의 촉매였다는 것이 증명된 바 있다) 점점 더 인간이 처리할 수 없는 복잡한 결정들을 '믿고 맡길 수 있는' 존재가 되어가고 있다. 이런 현상에 표준적 용어의 정의에 따른 (선출 명부에 이름이 올라가는) '이사회 멤버십'이 포함될지에 상관없이, 기업의 고위 의사 결정 과정에 기계지능이 이용되고 어떤 경우에는 기계지능의 판단에 따르게 되는 기계지능 의존 현상은 점점 더 확산될 것이다. 기계지능이 주주의 역할을 하게 될 가능성도 있다.

교육, MOOC 현상

교사처럼 고도의 스킬이 필요한 직업은 어떻게 될까? 몇 년 전, 우리가 온라인 강좌라고 불렀던 것에 대한 관심이 넘쳐난 적이 있다. 이 강좌들은 온라인 공개수업(MOOC)으로 이름이 바뀌었다. 인공지능의 적용 확대로 새로운 세대의 온라인 교육 기회들이 가능해지면서 유행어가 된 용어다. MOOC의 마술적 요소는 한계 원가(marginal cost)가 0이라는 것이다. 즉 학생이 한 명 더 늘어도 비용이 더 들지 않는다는 뜻이다. 기존의 온라인 교육이 25년 전에 사람들의 기대와는 달리 별 성과가 없었던 이유 중 하나는 우편을 기반으로 하여 19세기부터 쓰이던 구식 '통신 과정'(correspondence courses)에서 별로 벗어나지 못했다는 것이다. 표준 온라인 과정에는 특별하게 편리한 점이 하나 있다. 비동시성, 즉 언제든지 공부를 할 수 있다는 점이다. 하지만 이 과정에서는 교사들이 구식 교실 수업에서처럼 집중적인 노력을 해야 한다. 예를 들어 수업의 인원수가 적어야 한다. MOOC의 등장으로 달라진 것은 학생 100만 명을 가르치는 것이나 열댓 명을 가르치는 것이나 같은 비용으로 강좌를 개설할 수 있다는 점이다.

기술이 신문의 제목을 장식하지만 시장에서 인기를 얻지 못하면 오래지 않아 사장되게 마련이다. MOOC 현상은 이 범주에 들어간다. 하지만 MOOC는 아직 매우 초창기에 있다. 최고의 대학들을 비롯한 주요 교육기관들이 약간 조심스럽기는 하지만 고등교육 전체를 끌어 일으킬 수 있는 이 기술에 투자하고 있다. 그리고 무인 자동차의 경우처럼, 여기서 경제적인 요인에 주목해야 한다. 전통적인 대학 교육에 드는 비용이 학생과 정부 모두 점점 높아지고 있는 데다, 이 사실(그리고 학생 부채에 대한 공통된 우려)이 이제 중요한 토론 주제가 되고 있기 때문이다. 새로운 기술이 제공하는 가능성들이 경제적인 기회를 만나면 급속한 변화가 일어날 것이다. 『뉴욕 타임스』가 2012년을 'MOOC의 해'로 부르게 한 열정은 수그러들었을지 모르지만, 혁신 전문가이자 하버드 경영대학원 교수인 클레이 크리스텐슨(Clay Christensen)의 깜짝 놀랄 만한 장기 예측은 주목할 만하다. 15년 안에 미국 대학의 반이 파산할 것이라는 예측이다(Suster, 2013).

초기에 이 과정들은 영리 과정과 비영리 과정을 제공하는 여러 개의 플랫폼에 기초를 두고 있었다(Wharton, 2015). 처음의 떠들썩함이 발전과 전망에 대한 더 엄정한 접근 방법으로 전환된 것은 이 때문이다. 주요 대학들이 처음에 약간 두려워하며 살짝 발을 담갔던 것은 이해할 만하다. 그들만의 학생과 학위 시장을 까먹고 싶은 생각이 전혀 없었기 때문이다. 따라서 이 대학들은 학점으로 인정되지 않는 강의에만 집중했다. 어떤 경우에는 직장에서 성취를 인정받고 싶어 하는 사람들을 위해 (보통은 수업료를 받고) '수료증'을 주기도 했다. 온라인 정식 학사 학위 프로그램을 제안하는 대학이 아직 없다는 것은 좀 놀라운 일이기는 하지만, 그렇게 되는 것은 시간문제로 보인다. 온라인 정식 학사 프로그램은 조지아 공대와 MOOC 제공 업체인 유대시티(Udacity), AT&T의 협력으로 이미 시험이 된 상태다. 회사 직원들을 대상으로 한 첫 번째 시도다. 이 시

도가 재미있는 것은 이 프로그램이 약식 학위를 주는 것이
아니라 실제로 대학교 수업에 출석해 받는 학사 학위와 동
등한 학위를 준다는 점이다. 이렇게 되면 처음에 시작할 때
돈이 많이 들고 경쟁도 심하겠지만 프로그램 자체는 시장
에서 경쟁력을 가질 수 있게 된다. 특히 프로그램의 '브랜
드'가 최고 교육기관의 브랜드라면 더더욱 그렇게 될 것이
다(Zhenghao et al., 2015).

　　미국 고등교육의 반이 붕괴할 것이라는 크리스텐슨의
묵시록적 시나리오가 입증되든 안 되든, 한계 원가 제로라
는 원칙을 가진 MOOC가 조만간 정식 학위를 제공할 것
이라는 전망은 현재의 제도를 근본적으로 흔들어놓을 가
능성이 있다. 그리고 그 과정에서 대학교수 수만 명이 일자
리를 잃을 수도 있다. 이런 가능성에 대해서는 최근 『이코
노미스트』에 "로봇 박사 교수 QC"라는, 시선을 사로잡는
제목으로 실린 슘페터 칼럼에 잘 나와 있다(Schumpeter,
2015). 부제목은 "한때 안전한 도피처로 여겨졌던 이 직업
이 이제 폭풍의 눈 한가운데 놓이다"였다. 슘페터는 교수
직을 "안정되고 평화로운 진화를 위협하는 조잡한 세력에
대한 저항의 중심"으로 묘사한 책을 인용한 뒤, 교수직의
핵심적인 강점이 정보기술의 위협을 받고 있다는 새로운
주장을 다루고 있다. 알고리듬은 이미 "보통 사람들이 일
부 전문직을 완전히 없애버리도록 만들거나, 최소한 그들
을 받침대에서 끌어내리게 만들고 있다. 매월 1억 9천만 명
이 WebMD[온라인 건강 의료 사이트]를 방문하고 있다.
미국 내에서 정규 의사들을 방문하는 것보다 더 많은 숫자
다." 의사를 방문하는 것에도 기계지능이 개입된다. IBM의
〈제퍼디〉[Jeopardy: 미국의 유명한 퀴즈 프로그램] 우승 컴

퓨터인 왓슨(Watson)은 병원들로부터 파트너 제안을 받고 있다. 프레이와 오즈번이 기계지능이 고용에 미치는 영향에 대한 보고서(2013)에서 주목했듯이, 메모리얼 슬로언 케터링 암센터(Memorial Sloan Kettering Cancer Center)의 암 연구자들은 "만성 질환 치료와 암 치료 진단"에 왓슨을 이용하고 있다. 2013년에 왓슨은 이미 60만 건의 의학 보고서, 환자 150만 명의 정보와 임상시험 기록, 의학 학술지 200만 쪽의 내용을 흡수했다. 초기 응용이 암 치료 영역에서 이루어졌다는 것은 놀랍지 않다. 암 치료는 비용이 엄청나게 많이 들고, 진단과 치료 계획을 짜기 위해 환자의 개인 증상, 유전, 가족력, 처방 기록을 비교할 수 있는 컴퓨터의 도움을 특히 많이 받을 수 있는 분야이기 때문이다.

『이코노미스트』의 칼럼으로 돌아가보자. "교육용 앱은 게임 앱에 이어 애플의 앱스토어에서 둘째로 인기가 있는 범주이며, MOOC는 학생 수백만 명을 끌어들이고 있다. 판사와 변호사가 작은 소송 건을 전자 판결(e-adjudication)을 이용해 해결하는 경우가 점점 더 늘고 있다. 전자 판결은 이베이가 해마다 6천만 건이 넘는 사용자 분쟁을 해결하는 데 사용하는 기법 중 하나다."(Schumpeter, 2015) 과연 어디까지 진행될까? 슘페터는 의문을 제기한다. "리처드 서스킨드와 대니얼 서스킨드는 '전통적 직업들이 붕괴될' 정도로까지 진행될 것이라고 예측한다. 이들의 주장에 따르면, 전통적 직업들은 특정 전문 영역에 대해 '제한된 이해 능력'을 가진 보통 사람들의 문제를 해결하는 방법이다. 하지만 기술은 보통 사람들이 지식을 필요로 할때 그 필요한 지식을 얻는 것을 쉽게 만들고 있다." 서스킨드의 책은 현대 사회에서 '직업'을 구성하는 것이 무엇인지에 대해, 많은 직업이—감지하기는 쉽지 않지만—기계라는 대체물에 잠재적으로 어떻게 취약한지에 대해 정교한 성찰을 제공하고 있다(Susskind & Susskind, 2015).

노인 돌봄과 간호

낮은 수준의 스킬을 필요로 하는 일자리들만 위험하다는 생각은 기계지능 혁명에 의해 확실한 도전을 받고 있다. 하지만 본질적으로 높은 (그리고 대체 불가능한) '인간 지수'(human quotient)가 필요한 업무들은 어떨까?

이와 관련해 가장 놀랄 만큼 발전한 분야 중 하나는 노인과 환자를 돌보는 분야다. 우리 사회가 고령화되면서 이들을 돌보는 일이 상당히 많아지게 될 것은 분명하다. 인구 분포가 다른 나라에 비해 고령 쪽으로 더 많이 기운 나라들에서는 특히 더 그럴 것이다. 따라서 일본이 노인 돌봄 서비스에 집중하고 있는 것은 놀라운 일이 아니다. 일본은 인구 분포의 변화로 노인 돌봄 문제가 주요 이슈가 된 나라다. 한 보고서에 따르면, 놀랍게도 일본에서는 이미 2010년에 노인 요양시설에 3천만 명이 수용되어 있었다(Hay, 2015).

하지만 노인 돌봄이 경제에 미치는 영향은 보편적이다. 한 예측에 따르면, 65세를 넘는 인구의 증가율이 2050년에는 181%까지 상승한다. 15~65세까지의 인구 증가율이 33%일 것으로 예측되는 깃에 비히면 놀라운 숫자다. 따라서 영국과 미국은 노인 돌봄을 더 쉽게 만드는 기술 개발에 상당한 노력을 기울여왔다. 기본적인 수준에서 노인 돌봄은 혼자 사는 노인의 집에 센서를 달아 노인의 움직임 패턴에 이상이 생기면 친척이나 간호사에게 연락해 방문을 하게 만드는 시스템을 구축하는 것에 불과할 수도 있다. 반려 로봇 파로(Paro)와 팔로(Palro)를 이용하는 방법도 있다. 파로는 쓰다듬어주면 반응하고 떨어뜨리거나 무시당하면 울음소리를 내는 물개 모양 로봇이다(이전 세대 아이들의 다마고치 업그레이드 버전이라고 할 수 있다). 팔로는 "노인과 게임을 하거나 춤을 추면서 노인의 정신이 계속해서 사소한 것들에 반응하도록 해준다."(Hay, 2015) 이 접근 방법은 매우 간단하다. 룸바(Roomba) 자동 진공청소기, 몸을 자유롭게 움직일 수 없는 사람들이 샤워하는 것을 도와주는 로봇 팔, 설거지나 빨래를 하기 위해 개발된 다용도 로봇을 예로 들어보자. 이 장치들의 어느 것도 완전히 의료용이라고 할 수는 없지만, 이 장치들은 다양한 방법으로 젊었을 때보다 취약한 사람들을 돌보고 있다.

더 복잡한 수준에서는 돌봄 로봇과 반려 로봇이 있다. 치히라 아이코(Chihira Aiko)는 32세 일본인 여성처럼 보이도록 설계되었으며, 사람들이 로봇에게 자기 문제를 더 편하게 말할 수 있다. "그리고 올해 초 소프트뱅크는 페퍼(Pepper)를 출시했다. 페퍼는 개인용 로봇의 일종으로, 사람의 감정을 읽고 그 감정에 반응할 수 있는 능력을 가진 휴머노이드 로봇이다. 로봇과 연결할 수 있는 우리의 능력이 크게 진보하면서, 페퍼는 정신적인 관계를 맺고 어려움에 처한 사람들을 계속적으로 모니터하는 기적 같은 일을 해낼 수 있다."(Hay, 2015)

윤리와 사회적 수용이라는 중요한 문제는 사람처럼 행동하는 로봇, 환자가 사람으로 여기는 로봇들에 대해 우리가 (친척과 친구, 잠재적인 환자로서) 얼마나 편안함을 느끼는지에 달려 있을 것이다. "돌봄 로봇은 치매 환자의 기분을 상하게 하지 않으면서 그들의 터무니없는 이야기, 말도 안 되는 이야기를 들을 수 있다."(Birkett, 2014) 자연어 인식과 사용 기술이 점점 더 정교해지면서 우리는 이런 질문들이 한층 더 예리해질 것이라고 예상할 수 있다.

로봇을 이런 용도로 사용하는 것에 관한 논쟁을 일으킬 수 있는 질문들을 접어두고라도, 우리는 전통적으로 가족, 의료 요원, 요양보호사 등 돌봄노동자(그전에 이들의 일은 너무 복잡해서 컴퓨터화하기 힘들다고 여겨져왔다)가 해온 여러 차원의 역할을 대신할 수 있는 기계지능 능력의 진화에 직면하고 있다. 우리가 앞에서 본 것처럼, 경제적 필요성을 강하게 느낄 때 사람들은 기계지능의 역량을 발전시키고 사용하는 데 관심이 높아진다.

심리학과 정신의학

기계와의 경쟁에서 살아남을 수 있는 직업을 선택하려 한다면, 인간의 마음을 탐구하는 데 집중하는 것이 확실한 선택일 수 있다. 심리학자들은 프레이·오즈번 분류에서는 17위를 차지한다. '인간 지수'가 상당히 높은 직업이다. 하지만 내가 이 장을 쓰고 있을 때 트위터에 새로운 글이 하나 올라왔다. 인공지능과 감정 분야에서 내년 안에 일어날 것으로 예상되는 진보에 관한 『사이언티픽 아메리칸』의 기사였다.

여기 카네기 멜런 대학교 로봇공학연구소에서, 페르난도 데 라 토레(Fernando De la Torre)는 인트라페이스(IntraFace)라는 매우 강력한 얼굴 이미지 분석 소프트웨어의 개발을 이끌었다. 토레의 개발팀은 기계 학습 접근 방법을 사용해 인트라페이스가 대부분의 얼굴에 일반화가 가능한 방식으로 얼굴의 특징을 찾아내고 추적할 수 있도록 했다. 이어서 연구팀은 이 소프트웨어가 개인의 표정을 분석할 수 있게 하는 개인화 알고리듬을 만들어냈다. 이 소프트웨어는 정확할 뿐 아니라 효율적이기도 하다. 스마트폰에서도 작동한다.

데 라 토레와 피츠버그 대학교 심리학자 제프리 콘(Jeffrey Cohn)은 정신의학 임상시험에서도 이미 고무적인 결과를 얻었다. '실생활에서 나타나는' 우울증을 탐지해내려면 미묘한 얼굴 표정을 잡아낼 수 있어야 한다. 이들이 하고 있는 일이 바로 그 일이다.

다음의 가능성을 생각해보자. 가상의 정신과 의사가 임상 면담에서 우리가 나타내는 감정들을 분석해 우울증을 진단하는 데 도움을 줄 수 있다. 이 가상 의사는 우울증이 진행되고 치료가 시작되면서 나타나는 기분의 변화를 양으로 보여주는 것도 가능하다. 마케터는 고객이 제품에 어떻게 반응하는지를 더 잘 측정할 수 있게 되고, 교사는 수업 계획이 학생을 얼마나 참여하게 하는지 측정할 수 있게 된다. 스마트폰은 우리가 속이 상하거나 혼란을 느끼는 것을 알아내 방향을 바꾸고 충고를 할 수 있게 된다.

다른 말로 하면, 우리의 감정이 없는 장치들이 우리가 나타내는 감정을 통해 우리를 알게 된다는 뜻이다(Moore, 2015).

이러한 발전은 MIT 교수 로절린드 피카드(Rosalind Picard)가 "감성 컴퓨팅"(affective computing)이라고 이름 붙인 것에 대한 선구자적 연구를 참조해서 보아야 한다. 감성 컴퓨팅은 '인간 지수'라는 장벽을 뚫는 것이 불가능하다는 생각이 순진한 것일 수도 있음을 보여준다.* 분명한 것은 인간의 존재와 직관이 필요하다고 우리가 가장 자연스럽게 연결시키는 스킬들이 디지털화가 가능한 형태로 쪼개질 수 있다는 것이다.

바꾸어 말하면, 어떤 일이 일어날지 아무도 모른다. 나중에 우리가 이런 발전들을 평가하게 될 때 보게 되겠지만, 어떤 직업이 '안전'한지에 대한 우리의 예상과 노동시장에서의 잠재적 미래가 어떻게 전개될지를 알기 위해 우리가 생각한 모델은 실제 사건들에 의해 끊임없이 전복되어왔다. 이것은 우리 모두의 문제이지만, 안심시키는 말을 계속해서 유포하는 사람들에게는 특히 더 문제다. 인공지능이 감성지능의 영역을 점유하기 시작한다면, 그때는 일이 없는 세상이 올 가능성이 훨씬 더 높아진다.

인간의 일자리나 말의 일자리가 위협을 받는 것이 아니다. 1988년에 프랑스 영화 〈베어〉(The Bear)를 찍기 위해 50마리가 넘는 조련된 곰이 오디션을 받았다. 하지만 2015년에 아카데미상을 수상한 블록버스터 〈레버넌트: 죽음에서 돌아온 자〉(The Revenant)를 촬영할 때는 그럴 필요가 없었다. 주연인 리어나도 디캐프리오가 연기한 사냥꾼과 회색 곰의 오랜 싸움이 줄거리의 중심을 이루는 영화였는데도 그랬다. 오디션을 본 곰은 없었다. 곰은 단 한 마리도 필요하지 않았던 것이다. 곰 역할은 완전히 디지털

* 감성 컴퓨팅에 대한 로절린드 피카드의 주목할 만한 연구는 http://web.media.mit.edu/~picard/publications.php에서 더 자세히 알 수 있다.

기술로 만들어졌다(Hawkes, 2016). 곰 사냥꾼들에게는 불길한 징조가 되겠지만, 인공지능 접근 방법은 디지털화 작업을 하는 사람들에게는 충분한 일거리를 보장해주게 되었다.

제2장
"어리석은 러다이트들"

미래는 알 수 없지만, 어떤 일이 일어날지 지적으로 예측하는 것은 현재 상태에서 우리의 의사 결정에 핵심을 이룬다. 사람들이 고용에 미치는 기술의 잠재적인 영향을 고심하기 싫어하는 주요 원인 중 하나는 '러다이트'로 낙인찍히기를 원치 않는다는 것이다. 러다이트라고 비난하기는 쉬운 일이다. 또한 이런 낙인찍기는 관련된 대화를 원천 봉쇄할 가능성이 있다. 우리는 서론에서 사회적 통념에 의문을 제기하는 몇몇 유명한 지식인들 중 한 사람이 미국의 재무부 장관과 하버드 대학 총장을 역임한 래리 서머스라는 데 주목했다. 서머스는 '러다이트' 문제를 정면으로 다루기 때문에, 그의 말은 이 장을 시작하는 데 완벽한 출발점을 제공한다.

> 1970년대 초반 내가 MIT 학부생일 때, 한 젊은 경제학과 학생이 자동화에 관한 토론을 접하게 되었습니다. 이 토론에는 두 가지 분파가 있었습니다. 경제학과 외부에 있는 대부분의 어리석은 러다이트 같은 사람들과, 현명하고 진보적인 사람들이었습니다. [……] 어리석은 사람들은 자동화로 일자리가 모두 없어지고

사람들은 할 일이 없어진다고 생각했습니다.

— 래리 서머스(2013)

일부 기술진보주의자들은 이렇게 가다 보면 결국 어디로 가게 될 것인가 하는 비판에 민감해지고 있다. 하지만 우리가 타이타닉호 침몰, 유전자변형생물(GMO) 논란, 2008년의 월스트리트 붕괴 등 과거의 모든 재앙에서 배웠듯이, 비판적인 사고를 못 하게 하면 반드시 위험 발생 가능성이 높아진다. 문제가 클수록 위험도 커진다. 중도 좌파 정치인과 노동 지도자들도 이런 문제를 다루는 토론에 참여하기를 꺼리고 있다. 러다이트로 찍힐까 봐 두려워서다. 기술진보주의자들은 토론이 절실하게 요구되는 것들에 대해 이야기하는 것을 어렵게 만들고 있다. 그렇게 함으로써 그들은 자신들이 기술의 친구라고 생각하지만 실제로는 그렇지 않게 되어가고 있다. 장기적 측면에서 그렇다. 잠재된 문제들을 초기에 예측하는 것은 성공을 보장하는 열쇠가 되며, 초기에 문제를 예측하려면 다른 목소리가 나올 수 있게 하는 것이 필수적이다. 탈리도마이드[thalidomide: 기형아의 원인이 될 수도 있음이 1960년대에 밝혀질 때까지 임산부에게 진정제로 처방되던 약물]에서 '광우병'에 이르기까지, 흡연에서 '유전자변형'생물에 이르기까지, 초기에 비판적 시각을 가진 사람들을 깎아내린 것이 해로운 결과를 가져온다는 것을 보아왔다.

하지만 다른 목소리를 내는 사람들이 어려운 문제를 제기하면 그들을 억제하려고 하는 사람들이 있다. 가장 두드러진 예로 일론 머스크(Elon Musk)의 기이한 제한을 들 수 있다. 머스크는 테슬라 자동차, 스페이스X 로켓, 하이

퍼루프 초고속 교통 시스템 등으로 혁신의 왕국을 일군 사람이다. 머스크는 그냥 러다이트가 아니다. '올해의 러다이트'에 선정될 정도의 러다이트다. 유명한 워싱턴 싱크탱크가 그렇게 판단했다.* 왜 그런 판단을 내렸을까? 인공지능이 근본적으로 인간을 대체해 장기적인 위험이 발생할 것이라는 문제를 제기한 (스티븐 호킹을 포함한) 세계 최고의 과학 사상가들의 일부가 한 말에 머스크가 과감하게 동의를 표했기 때문이다. 기술의 잠재적인 문제를 제기하면 누군가가 당신을 러다이트로 부를 위험이 생긴다. 이것보다 떠오르는 기술에 수반되는 위험 요소들에 대한 제대로 된 토론, 자유로운 토론을 방해하는 것은 상상하기 힘들다. 하지만 지금은 호모 사피엔스가 미래에 어떤 일이 일어날지에 대해 가장 솔직하고, 가장 정직하게 대화할 때다.

게다가 로봇공학이 고용에 미치는 영향은 디지털 기술의 발전과 적용이 미치는 영향의 정도를 더 폭넓게 토론하는 것에 포함된다. 그리고 기술적 실업을 무시하는 기술진보주의자들은 이 토론의 양극단에 모두 위치하는 이상한 태도를 보이고 있다. 예를 들어보자. 최근에 나는 스페인 마드리드에서 열린 컨퍼런스에 초대를 받았다. 『이코노미스트』가 주관한 행사였다. 컨퍼런스의 주제는 다음과 같이 설명된다.

* 일론 머스크에 대한 비난은 정보기술혁신재단(Information Technology and Innovation Foundation)이 한 것이다. 부당한 비난일 수 있다. 그런 비난을 막아내고자 하는 우려를 에릭 브리뇰프슨과 앤드루 매카피의 『제2의 기계 시대』(*The Second Machine Age*, 2014)의 기술적 실업 의제에 초점을 둔 과장된 부제 "눈부신 기술의 시대의 일, 진보, 그리고 번영"(Work, Progress, and Prosperity in a Time of Brilliant Technologies)에서 감지해낼 수 있다.

「디지털 시대의 영향: 이 혁명적인 시기가
글로벌 경제를 위한 것인가?」

어떤 사람들은 우리가 현재 효과가 아직 나타나지 않은 또 다른 기계 시대에 진입하고 있다고 주장한다. 다른 사람들은 디지털 기술의 변형 능력과 혁신의 속도를 의심하는, 훨씬 더 우울한 그림을 그린다. 혁신이 효율성을 개선하고 생산성을 높이는 데 필수적이라는 것은 의심할 여지가 없다. […] 19세기 말과 20세기 초에는 IT와 디지털 혁명이 지금까지 성취한 그 어떤 것보다 우리 사회에 훨씬 더 광범위한 혜택을 주는 기술이 생겨났다.

토론의 양측은 디지털 진보가 세계 경제에 어떤 의미를 갖는지 토론하기 위해 모였다. 최근의 혁신은 디지털 혁명이라고 할 수 있는가? 아니면 혁신과 새로운 기술이 생산성 향상을 늦추거나 중단시켜왔는가? 우리는 기술적 고원[technological plateau: 기술적 정체 상태]에 이르렀는가? 게다가 혁명은 시작과 끝이 있다. 지금이 디지털 혁명의 시작에 불과하다면 그 끝은 어디인가? 우리는 현재 우리가 힘겹게 받아들이고 있는 혁신의 전면적인 영향을 언제쯤 느끼게 될 것인가?

『이코노미스트』가 이 문제를 다음 질문으로 요약한 것은 흥미롭다. "이 혁명적인 시기가 글로벌 경제를 위한 것인가, 아닌가?" 이 질문에 어떻게 대답하느냐 하는 것이 우리가 일자리 문제를 어떻게 다룰지를 결정할 것임은 분명하다. 이것은 궁극적으로 기술과 경제의 표준적인 진보에서 늘 일어나는 약간의 상승에 불과한 것이 아니라 진짜 혁명일까? 기술진보주의자들은 진짜 혁명이라고 대답하고 싶을 것이다. 그러면서도 고용에 극적인 영향을 미칠 수 있었다는 것을 아직 부인하지 않고 있다. 그것은 마치 일자리가 근본적인 혼란으로부터의 '안전한 도피처'가 되었다는 것과 같다. 변하지 않는 것은 결코 없다고 사람들은 말한다. 다만 여기서 우리가 오래전 산업 경제에서 가졌던 직업을 앞으로도 거의 모든 사람이 여전히 가질 것이라는 생각은 예외다. 매우 위로가 되는 생각임은 틀림없지만 정말로 순진한 생각이기도 하다.

신화적 인물인 네드 러드는 심각한 대화에는 별로 관심이 없었다. 대신 러드는 대형 해머를 사용하는 것을 선호했다. 따라서 현재 이런 자신만의 무기를 휘둘러서 심각한 대화를 피해야 한다고 느끼는 사람들이 기술진보주의자들이라는 것은 아이러니하다. 우리는 사람들을 '러다이트'라고 부르는 것을 중지해야 한다. 그리고 사회적 통념에 도전하기 시작하는 사람들을 서로를 존중하는 대화의 테이블로 끌어들여야 한다.

이 문제에 관해 가장 영향력 있는 책은 MIT 경제학자인 에릭 브리뇰프슨(Erik Brynjolfsson)과 앤드루 매카피(Andrew McAfee)의 『제2의 기계 시대』(2014)다. 부제는 "눈부신 기술 시대의 일, 진보, 그리고 번영"이다. 이 책은 저자들이 이전에 쓴 『기계와의 경쟁』(*Race Against the Machine*, 2011)에 기초를 두고 있다. 이들은 고용에 미치는 기계지능의 변형적 영향에 대해 자세히 서술하고, 이 변형적 영향이 실제로 노동시장에 근본적인 도전이 되며, 그 영향을 완화할 수 있는 정책과 계획이 있다고 결론지었다. 기업가이자 작가인 마틴 포드(Martin Ford)의 『로봇의 부상』(*Rise of the Robots*)은 비슷하면서도 더 예리한 주장을 하고 있다. 현재의 임금 정체 문제를 다룬 더 미묘한 분석으로는 제임스 베슨(James Besson)의 『실천으로 배우기: 혁신, 임금, 부의 실제적인 상관관계』(*Learning by Doing: The Real Connection Between Innovation, Wages, and Wealth*, 2015)가 있다.

　기술이 자동적으로 일자리를 없앤다는 관점에 강하게 경고하는 핵심적인 논문이 있다. MIT 경제학자인 데이비드 오터(David Autor)의 「왜 여전히 일자리가 그렇게 많은가? 작업장 자동화의 역사와 미래」(Why Are There Still So Many Jobs? The History and Future of Workplace Automation, 2015)다. 오터는 이 논문에서 최근의 기술이 노동 시장에 미치는 영향을 살펴보고 다음에 일어날 수 있는 일들에 대해 더 낙관적인 전망을 주는 원칙을 제시한다. 기술이 고용에 미치는 영향을 제대로 평가하기 위해서는 "일자리가 포함하는 업무의 범위와 인간의 노동이 새로운 기술을 어떻게 보강할 수 있는가에 대한 생각이 선행되어야 한다." 앞부분의 포인트는 제1장에서 살펴본 OECD 보고서가 옥스퍼드 대학교 마틴 스쿨의 접근 방법보다 평가가 더 낙관적인 이유로 설명된 것이다. "일자리는 많은 업무로 이루어져 있기" 때문에 기술적인 대체는 첫 번째 평가가 제시하는 것보다 더 복잡하다. 게다가 오터는 철학자 마이클 폴라니(Michael Polanyi)를 인용해, 인간의 많은 행동에는 '암묵적 지식'(tacit knowledge)이 있다고 제시했다. 즉, 우리는 우리 자신이 불완전하게 이해하는 것들을 행동한다는 뜻이다. 예를 들어 설득하는 글을 쓰거나, 그릇 가장자리에 달걀을 깨거나, 언뜻 보고 희귀한 새라는 것을 알아내는 것 같은 행동이다. 따라서 높은 수준의 스킬이 필요하든, 낮은 수준의 스킬이 필요하든, 이런 "자동화하기 가장 힘든" 일들은 "유연성, 판단, 상식"이 포함된 일들이다. 이런 요소들은 자동화가 흉내 내기 가장 힘들었고 앞으로도 가장 힘든 것들이다. 또한 오터는 성공적인 일의 성취와 가치 창출을 가능하게 하는 과정에서 무엇이 인간과 기계의 상호보완성(complementarity)이라는, 점점 더 중요해지는 문제가 될 것인지에 집중한다.

　　최근까지 낮은 수준의 인간의 업무 수행에서 '암묵적 지식'이 차지하는 역할을 보여주는 확실한 예가 운전—우리 모두에게 익숙한 예이기도 하다—이었다는 사실을 지적할 수는 있겠지만, 진지한 분석을 위해서라면 이런 생각을 당연히 해야 한다. 훌륭한 인간 운전자를 직관적으로 복잡한 일련의 선택들로 몰아넣는 암묵적 지식이 알고리듬으로 전환되는 데는 오랜 시간이 걸리지 않았다. 그리고 더 높은 수준에서 이 원칙을 일반적으로 적용하는 것에 관련해서, 기계지능이 직업에 어떤 의미를 가지는지에 대한 서스킨드와 서스킨드의 최근 연구는, 이미 말했지만, 놀랍기도 하고 매력적이기도 하다.

상황은 진짜로 변화할 수 있다

자, 이제 어떻게 이 심각한 토론에 참여할 것인가? '미래'에 대한 더 많은 정보에 바탕을 둔 접근 방법을 택함으로써 시작을 할 수 있다. 돌이켜보면 우리는 단지 어떻게 상황이 변하는지에 대해서 계속 생각을 해왔다. 휴대폰이 네비게이션 역할을 하기 전에, 스카이프로 공짜 통화를 할 수 있기 전에, 페이스북이 친구들과 가족을 쉽게 연결해주기 전에, 구글이 세상의 모든 지식에 접근하도록 해주기 전에 삶이 어땠는지 상상하기 힘들다. 이 모든 일이 지난 20년이라는 짧은 시간 안에 일어났다.

지난 1995년, 미국 온라인 인구가 1800만 명밖에는 안 되던 시절, 위의 것들은 아무것도 없었지만, 뭔가 놀라운 일이 일어나기 시작했다. 크레이그리스트(Craiglist)가 세상에 나왔다. 그리고 이베이, 아마존이 나타났다. 그리고 최초의 데이트 사이트인 매치닷컴이 등장했다. 1995년은 넷스케이프가 기업 공개를 한 해이기도 하고, 마이크로소프트가 인터넷 익스플로러를 출시한 해이기도 하다. 모두 한 해 동안 일어난 일이다.

이 모든 변화는 나중에 우리에게 무어의 법칙(Moore's Law)이라고 알려진 법칙대로 작동하는 컴퓨터 칩에 의해 가능했다. 이 '법칙'은 인텔의 창립자 고든 무어가 제시한 것으로 50년 동안 적용되어오는 법칙이다. (간단하게 설명하면) 이 법칙은 컴퓨터의 처리 능력은 2년마다 두 배로 늘어난다는 것이다. 바꾸어 말하면, 컴퓨터 기술에 의한 그 어떤 것도—디지털화할 수 있는 것은 무엇이든—기하급수적으로 진보한다는 뜻이다. 해마다 빨라지고, 더 빨라진다. 이렇게 되면 미래에 대해 생각하는 것이 훨씬 더 어려워진다. 하지만 미래에 대해 생각하는 것을 더 중요하게 만들기도 한다. 1998년에 구글이 생긴 뒤 우리 삶에 다가온 놀랄 만한 변화는 다음에 오는 변화에 의해 극적으로 대체될 것이다. 그 변화가 무엇이든 상관없다.

기하급수 아이디어의 중요성에 대해서는 깊이 생각해볼 가치가 있다. 우리는 금융 분야에서 이 아이디어에 익숙해져 있다. 복리는 우리가 은퇴를 위해 투자한 돈에 장기적인 수익을 가져다준다. 하지만 기하급수 아이디어의 힘은 쌀알과 체스에 관한 옛날이야기에서 가장 잘 알 수 있다. 그 이야기의 한 버전을 들어보자. 인도의 왕자가 현자에게 체스 게임을 제안했다. 그리고 게임에서 이기면 무엇이든 상으로 주겠다고 했다. 현자는 쌀알 몇 개만을 원한다고 말했다. 처음 체스판의 네모 칸에는 1개, 두 번째 네모 칸에는 2개, 세 번째 네모 칸에는 4개, 이런 식으로 네모 칸이 늘어날 때마다 쌀알을 두 배로 늘려달라고 했다. 큰 숫자가 아니면 아주 간단한 산수였다. 20번째 네모 칸이 되자 쌀알 100만 개가 필요했다. 40번째 칸이 되자 숫자는 10억 개로 늘어났다. 아직도 네모 칸은 24개나 남아 있었다. 마지막 네모 칸에는 필요한 쌀알이 18,000,000,000,000,000,000개로 늘어났다. 쌀알의 무게는 (쌀의 종류에 따라 다르겠지만) 약 2100억 톤에 이르는 것으로 계산되었다.

무어의 법칙에 따른 속도가 마침내는 늦어지는 것으로 나타났지만(*Technology Quarter*, 2016), 양자 컴퓨팅과 생물학 컴퓨팅 전망에 따르면 앞으로 엄청난 변화가 올 것으로 예상된다. 우리가 얼마나 멀리 왔는지를 보여주는 그래픽이 있다. 아폴로 우주선이 달에 가는 데 필요했던 컴퓨터가 닌텐도 게임기 역량의 두 배밖에는 안 되는 것으로 계산되었다. 아이폰 4에 쓰이는 컴퓨터는 크레이-2 컴퓨터와 역량이 비슷하다. 크레이-2는 1985년에 세계에서 가장 빠른 컴퓨터였다. 50년 만에 우리 컴퓨터의 힘은 1조 배가 늘어났다(Stone, 2015).

기하급수 법칙이 다음에 무엇이 올지 예상하기 힘들게 만드는 것은 분명하다. 하지만 이 법칙은 우리를 기다리는 변화가 엄청날 것이라고 확실히 예상하게 만든다. 체스판의 예는 이 효과를 특히 분명하게 보여준다. 처음 몇 개의 네모 칸에서 쌀알의 양은 늘어나긴 하지만, 얼마든지 감당할 수 있는 정도였다. 1개, 그리고 2개, 다음에 4개, 다음에 8개, 다음에 16개, 다음에 32개, 다음에는 64개였다. 하지만 체스판의 반을 넘어가기 시작하면—발명가이자 미래학자 레이 커즈와일(Ray Kurzweil, 2000)이 처음 쓴 말이다—, 네모 칸 하나에서 다음 칸 사이의 쌀알 증가량은 어마어마하게 커진다. 이제 우리가 컴퓨터 시대로 진입한 지 반세기가 지났다. 그리고 무어의 법칙이 발견된 지도 반세기가 지났다. 해마다 우리가 예상해야 하는 변화의 속도는 그 전해보다 훨씬 더 빨라지고 있다.

뉴 노멀의 오류

하지만 이것은 보통 우리가 상황을 보는 방식이 아니다. 우리는 변화가 빠르게 일어나고 있으며, 변화의 속도가 계속해서 빨라진다는 것은 잘 알고 있다. 하지만 어떻게 대처해야 할까? 20세기 가장 영향력 있는 책 중 하나는 앨빈 토플러의 『미래의 충격』(Future Shock)이다. 1970년에 처음 출간되었다. 제목은 사람들이 다른 문화 사이를 이동하면서 '문화 충격'을 겪는다는 생각에서 온 것이다. 토플러의 포인트는, 미래가 다른 문화와 같아서, 다른 문화로 빠르게 이동하기는 쉽지 않으리라는 것이다.

변화 속도가 훨씬 느렸던 당시에 사람들이 미래가 감당하기 힘들어지면 어떻게 하나 걱정을 했다는 것이 재미있을 수도 있다. 하지만 변화는 결코 쉬운 것이 아니다. 그리고 우리는 우리 예상보다 실제로 변화에 더 잘 적응하고 있지만, 우리가 특히 힘들다고 생각하는 것은 앞을 내다보고, 빠르고 전복적이고 혼란스러운 변화가 계속되는 것을 상상하는 것이다. 우리는 뒤를 돌아보고, 그 모든 혼란을 겪고 살아남았다는 데 안도의 한숨을 쉰다. 그래서 앞을 볼 때 우리는 내일이 오늘과 아주 비슷했으면 하고 바란다.

이 상황을 우리가 타고 올라가는 그래프라고 생각해보자. 뒤를 돌아보면서 그 그래프의 곡선이 얼마나 빠르고 경사가 급하게 위로 솟아 우리를 현재의 위치에 올려놓았는지 보자. 그리고 앞을 보면 우리가 보는 곡선은 훨씬 더 부드러울 것이다. 곡선이 꼬이면 우리는 평평하게 만든다. 미래의 곡선은 계속해서 올라가겠지만 더 서서히 올라갈 것이다. 우리를 여기에 이르게 한 변화의 속도가 더 빨라지기는커녕 계속 유지될 것이라고도 생각하지 않는다. 우리는 내일을 위한 기준선으로 '뉴 노멀'(New Normal)을 확립했다.

하지만 체스판에 쌓이는 쌀알의 이미지에서 보듯, 우리 앞의 곡선을 부드럽게 만드는 것은 실제로 우리가 진정으로 앞서 생각한다면 해야 할 일의 반대에 해당한다. 곡선은 더 가파르게 변할 것이다. 점점 더 가파르게 될 것이다. 디지털 혁명의 영향을 대체로 받지 않은 우리 삶의 면면(요리, 스포츠, 날씨)이 있는 반면에, 컴퓨터의 힘에 의해 움직이는 모든 것은 그 곡선을 따라 위로 움직일 것이다. 지도가 GPS가 되고, 전보가 문자 메시지가 되고, 백과사전이 구글이 되기 전, 우리가 자랄 때를 생각해보자. 앉아서 '전화기'로 어떤 일을 할 수 있는지 리스트를 만들어보자. CD를 사는 것부터 시작해서 한 달에 한 번 저녁에 수표를 쓰던 것까지, 그전에는 열몇 단계의 과정과 행동을 거쳐야 할 수 있었던 일들의 리스트를 만들어보자. 앞으로의 변화는 더 빠르고 더 클 것이다. 그렇지 않을 것이라고 생각한다면 자기 부정을 하고 있는 것이다.

우리는 모두 미래가 순조로운 항해가 될 것이라고 생각하는 경향이 있다. 기술의 발전은 삶을 더 쉽고 재미있게 만들 것이다. 하지만 우리가 현재 정상이라고 당연하게 받아들이는 것들에 대한 특별한 위협도 없을 것이다. 물론 노동시장에 대한 위협만이 근본적인 위협은 아닐 것이다. 안전과 보안에 관련된 사물인터넷—세상의 모든 사물을 연결한다는 뜻이다—의 영향은 그와 마찬가지로 중요하고, 같은 기술의 힘으로 이루어지는 것이다. 해커들이 이미 신용카드 정보를 해킹하고 있는 것과 같은 방식으로 우리의 차와 집을 해킹해 장악할 수 있다. 하지만 우리 인간은 좋은 소식에만 집중하려고 하는 성향이 있으며, 우리의 정치 지도자들도 좌파, 우파, 중도에 상관없이 그런 식으로 생각한다. 그들의 유권자들도 그런 식으로 생각하는 것을 매력적이라고 여긴다. 민주주의의 단기적 특징은 도움이 안 된다. 정치인의 일자리가 2년 후나 4년 후에 위협을 받는다고 치면, 20년 후에 현실화될지 모르는 겁나는 시나리오로 자신의 인기를 떨어뜨리고 싶은 정치인이 있을까? 물론 리더십의 과제는 장기적으로 문제를 프레이밍하여 사람들이 변화를 준비하도록 해주는 것이다.

어떤 직업에서나 우리는 같은 경향을 본다. 비즈니스 리더와 기술 전문가조차 예외는 아니다. 고무적인 신호는 제너럴 일렉트릭(GE)의 잭 웰치 같은 훌륭한 비즈니스 리더들이 일일 주가 변동, 애널리스트와 투자자의 분기별 실적 발표의 책임을 지면서도, 몇십 년 앞서 생각해 훌륭한 기업을 만들어왔다는 것이다. 우리가 점점 더 가파르게 변하는 무어의 법칙 곡선을 타고 올라갈 때 모든 글로벌 리더들이 가져야 할 선견지명이다. 기후 변화에 대한 과학자들의 예측에 글로벌 리더들이 반응하는 데 걸렸던 시간을 생각해보면 이 과정이 얼마나 어려운지 알 수 있다. 같은 정도로 중요성을 지니는 항생제에 대한 미래의 위협이라는 문제에 글로벌 리더들이 전반적으로 대처하지 못하고 있는 것은 이러한 문제를 더 쉽게 조명해준다.

그러면 왜 그렇게 많은 오피니언 리더들이 일자리에 미치는 기계지능의 잠재적 영향을 무시하고 있는 것일까? 기술진보주의자들은 이 문제를 제기하는 우리를 왜 어리석다고 실제로 말하고 있는 것일까? 기술진보주의자들은 기계지능의 혁명적인 특성을 '진정으로 믿는 사람'이며, 문제를 제기하는 사람들은 미래로 가는 길에 방해가 되는 사람들이다. 그들은 우리가 기계지능에 적응하는 데 아무런 문제가 없을 것이라고 말한다. 우리는 새로운 일자리를 찾게 될 것이라는 주장이다. 우리는 기계가 하기에는 너무 어려운 일을 하면서 번영할 것이라고 주장한다. 그들이 맞을 수도 있다. 하지만 그들은 열망과 과도한 자신감으로 뉴 노멀의 오류를 믿고 있다. 이 사람들은, 미래가 편안하게 될 것이라는 자신들의 믿음의 근거를 넘어설 정도로 더 편안할 것이라고 상상하면서 이 곡선을 뒤틀리게 만들고 있다.

우리가 기술결정론이라고 말할 수 있는 것의 매력을 느끼는 사람도 있다. 기술결정론은 기술의 발전 자체가 변화를 일으키고 사회의 미래를 만들 것이며, 기술은 기술이 만들어내는 문제를 스스로 해결할 것이므로 우리는 가만히 있으면 된다는 생각을 말한다. 하지만 역사에는 인간, 기술, 그리고 경제학이 상호작용한 예들이 많다. 그 상호작용의 과정에서 인간의 선견지명, 용기, 계획은 일어난 일에 아주 중요한 역할을 했다. 주식시장과 은행이 무너질 때 개입을 한 것(루스벨트의 뉴딜 정책에서 2008년의 리먼 브러더스 파산에 대한 국제 사회의 대처까지)부터 시작해 직접적인 기술 규제(석면, DDT, 자동차 배기가스, 전체 환경 보호 기업), 과학기술 투자에 대한 공적/정치적 역할을 한 것(애플의 아이폰 기능과 그에 해당하는 안드로이드폰의 기능 대부분이 실리콘밸리에서 나온 것이 아니라, 주로 방위고등연구계획국DARPA: Defense Advanced Research Projects Agency에서 개발한 것이라는 사실은 잘 알려져 있다. DARPA는 무엇보다도 인터넷 자체를 발명한 기관이다) 등이 그 예다. 우리는 이 점을 놓쳐서는 안 되지만, 가만히 놔두어도 잘 해결될 것이라고 생각해서도 안 된다.

미래에 대해 분명하게 생각하기

그렇다면 우리는 미래에 대해 어떻게 생각해야 할까? 미래에 대해서는, 어떤 미래가 펼쳐질지 확신이 없다고 해도 심각하게 생각해야 한다. 모든 가능한 미래에 대해 생각해서 어떤 미래가 가장 가능성이 높은지 판단을 내려야 한다. 그리고 최선을 다해, 그 미래에 발생할 수 있는 결과와 위험에 대비해야 한다.

위험을 평가하는 간단한 방법은 발생할 수 있는 결과들을 4개의 범주로 나누는 것으로 시작하는 것이다. 고영향과 고확률, 고영향과 저확률, 저영향과 고확률, 저영향과 저확률의 4개 범주다. 처음 두 범주가 가장 중요하며, 두 번째 범주가 가장 까다롭다.

여기서 실제로 두 가지 서로 다른 주장이 존재한다. 그리고 그 주장들은 위험 분석을 목적으로 구별할 수 있다. 하나는 심각한 구조적 실업의 가능성을 언급하고, 다른 하나는 노동시장에서의 이런 혼란과, 인공지능/로봇공학이 상당히 많이 이용되는 미래에 '완전고용'을 유지할 수 있는 장기적인 경제 역량의 감소로부터 회복하는 데 실패할 가능성을 언급한다. 심각한 구조적 실업의 고확률 또는 저확률 가능성이 존재하는가? 어느 쪽이든, 그렇게 된다면, 선진(또는 잠재적 개발도상) 사회에 주요한 영향을 미치게 될 것이다. (게이츠, 서머스, 머리의 예상대로) 그 이후에 '완전고용' 수준을 회복하는 데 실패한다면 그 영향은 훨씬 더 막대해질 것이다.

우리가 미래에 직면하면서, 정책 결정자들이 일자리의 미래에 대한 힘든 생각을 어떻게 피해 갈 수 있는지 보기는 쉽지 않다.

제3장
러스트 벨트에 오신 것을 환영합니다

21세기가 안겨준 큰 놀라움 중 하나는 정부와 산업계, 심지어는 노동조합의 리더들이 노동시장의 대규모 혼란을 심각한 가능성으로 보지 않는다는 것이다. 이들은 연설을 할 때도 이 주제에 대해서는 말하지 않으며, 이 주제와 관련해 계획을 세우지도 않는다. 정치 후보들의 토론에서도 노동시장의 혼란에 수반되는 복잡한 정책 과제들에 대해서는 한마디도 나오지 않는다. 빌 게이츠와 기술 예측가들이 침묵을 깨기 시작했다는 사실에도 불구하고, 사고의 주류에는 여전히 별로 영향을 못 미치고 있다. 하지만 우리가 오늘의 질문에 대답을 하려면 내일의 질문을 해야만 한다. 우리가 노동시장에서 주요한 혼란을 맞을 것이라고 예상할 수 있는 가능성은 얼마나 되는가? 우리가 본 것처럼, 리처드 서스킨드와 대니얼 서스킨드는 우리가 '최고급' 직업이라고 부르는 직업들을 자세하게 분석해, 인간을 위한 일자리는 언제나 존재할 것이라는, 쉽지만 잠재적으로 무모한 추정에 도전하고 있다.

　　점점 더 능력이 늘어나고 있는 기계들은 서서히 점점 더 이례적인 업무를 수행하게 된다는 것이 우리의 결론이다. 따라서 인간만이 수행할 수 있는 업무들이 항상 남아 있을 것이라는 생각은 근거가 없다는 것이 증명될 것이다.

— 리처드 서스킨드·대니얼 서스킨드(2015)

산업은 하나씩 하나씩 극적인 변형 과정을 겪고 있다. 그리고 모든 경우에서 그 결과는 동일하다. 더 편리해지고, 더 가격이 낮아지고(무료 서비스도 많다), 일자리는 줄어든다는 것이다. 하지만 이 과정은 계속해서 진행되고 있다. 대부분의 극적인 변화는 이미 지나갔다고 믿는 것은 순진한 생각이다. 우리는 이제 출발점에 서 있을 뿐이다. 그리고 현재 일어나고 있는 일의 중심에는 매우 간단하면서 매우 심오한 무엇인가가 있다. 한 번에 하나씩, 우리는 인간이 수행했던 기능을 기계의 기능으로 변화시키고 있다.

어떤 면에서 이 변화는 항상 기술과 관련된 것이었다. 바퀴, 지렛대, 도르래, 자귀나 쟁기 같은 농기구들은 수천 년 동안 그것들이 없었으면 훨씬 더 힘들었을 일들을 쉽게 할 수 있게 만들었다. 그리고 동시에, 일을 하는 사람이 더 적어도 되게끔 만들었다. 포인트는 그 속도가 빨라지고 있다는 것이다. 그것도 아주 빨라지고 있다. 더 근본적인 면에서 보면 우리는 가치 창출 과정에서 노동이라는 요소를 꾸준히 제거하고 있다. 이 현상은 우리가 언급한 몇몇 예에서 이미 분명하게 드러나고 있다. 한때 비행기 티켓을 예약하려면 스킬과 경험을 가진 사무원이 있어야 했던 반면, 지금 그 일은 똑똑하게 프로그램된 기계를 이용해 우리 스스로 할 수 있는 것이 되었다. 그리고 우리가 하는 일은 그 사무원이 하는 일보다 훨씬 더 복잡한 일이다. 시애틀에

사는 딸을 보러 가려고 얼마 전에 비행기 티켓을 예약한 적이 있다. 그 과정에서 나는 여러 항공사들을 검색해 가장 티켓 값이 싼 날짜와 시간대를 찾아냈다. 가능한 여행 경로도 수십 가지씩 검토하고, 마일리지를 쓸 것인지 달러로 지불할 것인지를 결정하고, 다섯 곳의 다른 항공사에서 내가 좋아하는 좌석을 골라본 다음, 신용카드 번호를 입력했다. 포인트는 이렇다. 이 과정에서 다른 사람은 개입되지 않았다. 프로그램된 컴퓨터가 데이터를 고르도록 도와주었고, 트래블로시티에서 유나이티드에어라인으로, 다시 비자에서 시티뱅크까지 최소 4개의 회사들이 서로 교신을 하도록 만들었다. 이 모든 것은 방대하고 복잡한 인터넷을 통해 이루어졌다. 또한 모두 내 이동전화에 있는 키를 눌렀을 때 반응한 결과이기도 하다. 그러는 동안 나는 침대에 누워 있었다.

인간의 입력이 거의 없이도 생산되는 새로운 종류의 가치가 생겨나는 것은 주목할 가치가 있다. 사람을 많이 고용하지 않고도 수많은 소비자에게 가치를 가져다주는 다양한 디지털 상품이 많이 있다. 가장 두드러진 것은 소셜 미디어다. 소셜 미디어는 페이스북에서 트위터, 링크드인에 이르기까지 다양한 서비스를 통칭하는 용어다. 이런 서비스들은 새로운 종류의 상품이며, 경제학자들은 소셜 미디어의 숫자로 이들을 설명해야 할지 갈피를 잡지 못하고 있다(Bresnahan & Gordon, 1996). 노동 요소를 거의 포함하지 않으면서 가치를 창출하는 참신한 방법들을 찾아본다면, 이 문제의 중요성을 설명해주는 두드러지는 예가 두 가지 있다. 지금은 몰락한 구식 사진회사 코닥은 한때 14만 5천 명의 직원을 고용했다. 현재 사진계의 리더인 인

스타그램은 2년 전 페이스북이 이 회사를 10억 달러에 샀을 때 직원이 겨우 13명밖에 안 되었다. 가장 두드러진 예를 들면, 커뮤니케이션의 일대 혁명을 일으킨 왓츠앱은 그 가치가 190억 달러로 평가되었다. 이 회사의 직원은 겨우 55명이다. 55명 맞다.

이 떠오르는 질문을 프레이밍하는 방법 중 하나는 일에 있어서 우리와 경쟁하고, 우리가 우리의 일을 아웃소싱하는, 새롭고 지적인 '종'(species)을 우리가 만들어낸다는 관점으로 바라보는 것이다. 노버트 위너(1950)가 "노예 노동의 정확한 등가물"로 이름 붙인 것이다. 이 과정이 진전되면서 우리 일의 점점 더 많은 부분은 여러 가지 다양한 형태로 이 새로운 노예 종에 의해 이루어지게 될 것이다. 인간의 일이었던 것들이 이런 기계들에 의해 더 잘 그리고 더 적은 비용으로 이루어지게 하기 위해 인공지능이 엄청나게 진보하는 것을 상정할 필요는 없다. 미래에는 사람들을 위한 일자리가 없어질 것이라고 추정할 필요도 없다. 하지만 현재 우리가 가지고 있는 일자리의 많은 부분이 인간과 기계가 경쟁하는 일자리가 되어가고 있다. 그리고 이 상황은 이미 최저임금 인상에 관한 토론의 한 요소가 되고 있다. 특히 패스트푸드 분야에서 더 그런데, 이 장의 뒷부분에서 다시 다룰 것이다.

우리가 답을 모르는 주요한 질문은, 인간을 위한 새로운 일자리가 충분히 생겨 이 새로운 종이 차지하고 있는 일자리를 대체할 수 있느냐는 것이다. 그렇다면, 그렇게 되기 위해서는 어떤 스킬이 필요할 것인가? (빠른) 변화의 속도, (다는 아니지만 대부분 낮은 수준의 스킬을 요하는) 대체되는 일자리의 속성, 기계들과 경쟁하거나 같이 일하는 데 필요한 (상당한 수준의) 스킬을 고려하면, 전망은 고무적이지 않다. 모든 것은 이런 가정들을 어떻게 하느냐에 달려 있다. 우리가 중요한 문제에 직면해 있다고 생각하지 않는 리더들은 그들에게 현재 지워지고 있는 무게를 앞으로 견뎌낼 수 있을까?

실업의 지형

구조적 실업에 정해져 있는 틀이라는 것은 없다. 현재의 가정은 과거의 전복적 변화가 미친 실제 효과에 대해서 너무나 성급하고 가볍게 다루고 있다. 이것을 알기 위해 우리는 제1차 산업혁명 때로 돌아갈 필요는 없다. 1984년에 악명 높은 탄광 노동자 파업으로 극적인 재조정이 촉발되고 결국 업계 전체에 감축이 일어난 뒤, 지난 세대에는 탄광업이 사실상 막을 내림에 따라 발생한 황폐화를 생각해보자. 영국 웨일스 전체 인구의 4분의 1이 탄광업에 의존했었다. 미국에서는 현재 디트로이트 지방자치단체 파산 위기가 변화의 대가를 보여주는 암울한 예가 되고 있다. 인디애나 주 게리(한때 막강했던 US스틸의 창업자 중 한 명의 이름을 딴 도시다. 지금은 미국에서 가장 살인 사건이 많이 일어나는 곳 중의 하나로 유명하다) 같은 도시에서는, 전통적인 중공업의 붕괴가 '러스트 벨트'의 확산을 촉발했다. 러스트 벨트는 붕괴 후 한 세대가 지나도 회복이 매우 더디고 아직도 회복 노력이 진행 중인 미국 중심부 여러 주에 걸친, 확실한 형태가 없는 지역을 말한다. 따라서 이론적인 관점에서 보았을 때 기술과 이에 수반되는 글로벌 경제 세력에 규칙적으로 맞추는 것으로 보일 수 있는 것이 실제로 사회에 미치는 영향과 그 비용을 심각하게 생각해보는 것이 중요하다. 물론, 이런 상황을 감당할 수 있었으며, 그 결과로 전체적으로 경제와 고용이 잘되어왔다고 말할 수도 있어야 한다(Janoski et al., 2014).

　역사에서 예를 들면, 영국 노동조합총회 최근 연설에서 영국 중앙은행의 수석 이코노미스트 앤디 홀데인(Andy Haldane)은 제1차 산업혁명의 효과 중 하나가 미숙련 노동력의 숫자가 두 배로 증가한 것이라는 놀라운 사실을 지적했다. 1700년부터 1850년 사이에 이 숫자는 20％에서 40％로 늘었다(Haldane, 2015). 비슷한 일이 그 얼마 뒤 미국에서도 일어났다. 새로운 기계의 효과 중 하나는 숙련된 장인 노동력의 상당수가 자신의 일자리를 잃고 공장이나 생산 라인으로 재배치되었다는 것이다. 새로운 사무직과 이와 관련된 높은 수준의 일자리가 나타나고, 경제 성장을 통해 사회적 혜택도 광범위하게 늘어난 반면, 이 과정은 스킬 사다리에서 위쪽이 아니라 아래쪽으로의 이동을 유발했다. 주목할 점은 간단하다. 우리가 이미 경험했던 '구조적 실업'의 실제 비용이 높았다는 것이다.

　이 점은 역사상 가장 영향력 있는 경제학자 중 한 명인 데이비드 리카도가 19세기 초에 지적했다. 산업혁명의 영향에 대해 성찰하면서 리카도는 산업혁명이 노동자들의 수입과 일자리를 잠식한다고 보는 사람들에게 동조를 표했다. 하지만 그는 기술에서 물러나는 것을 선호하지는 않았다. 그렇게 하면 자본과 생산이 외국으로 빠져나가는 결과를 가져올 것이기 때문이었다(리카도는 비교우위 이론의 창시자로 유명하다). 그는 이렇게 결론지었다. "노동 계급이 가지고 있는 생각, 즉 기계를 고용하는 것은 노동자들의 이익에 해를 끼치는 경우가 많다는 생각은 선입견과 오류에 기초를 둔 것이 아니며 정치경제학의 올바른 원칙에 따른 것이다."(Ricardo, 1821) 물론, 역사적인 맥락에서 볼 때, 우리는 이 결론이 '구조적 실업'을 일으키는 혼란의 과정을 관찰한 것이라고 말할 수 있다. 그 구조적 실업으로부터 (혼란을 겪는 개인들은 아니겠지만) 경제는 결국 이득을 본다.

하지만 과거, 현재, 미래의 기본적인 유사성을 수용한다고 해도, 기계지능 혁명의 효과는 유일무이한 것이다. 그 효과는 동시에 수십 개 산업 분야의 혼란을 일으키기 직전에 있고, 그 굴러가는 과정의 일부로서 그 효과의 종착점(종착점이 있을지 모르지만, 있다고 해도)은 분명하지 않기 때문이다. 이 점은 우리가 앞에서 언급한 최근의 직업별 평가에 놀라울 정도로 자세하게 설명되어 있다. 그전에 겪었던 혼란의 경험은 새로운 장치의 발명(하그리브스의 다축 방적기Spinning Jenny) 또는 새로운 일반 범용 기술(증기력을 생각해보자)의 도입, 아니면 이 중 하나를 다른 하나에 이용한 데 따른 것이었다. 우리가 내다보는 것은 우리의 어깨를 하나하나 두드리며 "어떻게 도와줄까?"라고 말할 초기 기술이다. 그리고 우리가 하고 있는 일이 무엇이든, 그것은 많건 적건 도움이 될 수 있다. 기계지능은 경제학자들이 "일반 범용 기술"(general purpose technology)이라고 부르는 것의 궁극적인 예가 될 수도 있다. 경제 전반에 영향을 끼치는 기술이다. 증기력, 그리고 그다음으로 전기는 한 산업에서 다른 산업으로 이어가며 변화를 일으켰다. 증기력과 전기의 영향으로 서구 경제 전반에는 폭포 효과가 나타났다. 하지만 이 영향은 기계지능이 가진 잠재력의 맛만 보게 해준 정도라고 할 수 있다. 기계지능은 수

백 개의 다른 고용 영역에서 인간의 역할을 전복하려 하고 있다.

　미국 중서부 제철소 지역이나 사우스웨일스 탄광 지역의 사회적 황폐화는 주로 이 지역들이 하나의 산업에만 집중했기 때문에 나타난 현상이다. 그 하나의 산업이 기울면 지역 전체가 따라서 기운다. 따라서 현재의 디트로이트는 기업이 없는 기업 지역이라고 말할 수 있다. 이런 전복적 경험이 가진 지역화된 속성은 해당 지역을 훨씬 더 악화시켰을 뿐만 아니라, 더 넓은 지역에 속한다는 자각과 분리시키기도 했다. 동시에 이런 속성은 존재 이유가 사라진 특화된 노동력을 재교육, 재배치하고 싶어 안달인 정부의 구제 노력을 쉽게 만들기도 했다.

　기계지능 혁명의 경우 우리가 직면하고 있는 것은 이전의 혼란과 비슷한 혼란이지만 더 규모가 큰 혼란이다. 그 영향은 지리적으로 제한되지 않을 것이며, 산업의 제한도 받지 않을 것이다. 인간에게서 기계로 직접 넘어간 일자리들은 경제의 많은 다른 영역에서도 사라질 것이라는 것이 부분적인 이유가 된다. 그 예는 트럭 운전사, 계산대 직원, 개인 자산관리사, 대학교수, 텔레마케터, 회계사 등 셀수 없이 많다. 하지만 또 다른 이유도 있다. 많은 경우에, 기계지능의 새로운 적용으로 인한 영향은 폭포처럼 파급되어 간접적으로 추가 고용을 없앨 것이다. 이 효과는 제철소 지역과 탄광 지역에서 가게들이 문을 닫았을 때처럼 지리적으로 제한적이지 않을 것이다. 이러한 사실은 이전에 산업 쇠퇴가 왔을 때 지리적 제한이 있었다는 것에 익숙해져 있으며, 미숙련 노동자와 반숙련 육체노동자에게 집중하던 정책 결정자들의 관심을 집중시키는 데 도움이 될 것이다. 앞으로 올 이런 혼란에 대한 전망을 생각해보면 앞으로는 훨씬 더 힘든 정치적 상황이 오게 될 것이다. 이런 혼란은 정당 지지 성향과 관계없이 매우 다양한 노동자 집단들이 가진 경제적, 사회적 위안을 해치게 될 것이기 때문이다.

자율주행 자동차는 가장 분명한 예가 된다. 자율주행 자동차의 영향은 가장 심각한 생각을 하게 만들고, 우리가 주목했듯이 자율주행 자동차는 이미 상업적으로 이용되고 있기 때문이다. 제1장에서 말했듯이, 3500만 미국 트럭 운전사의 일자리에다 500만 지원 인력의 일자리가 위협을 받고 있다. 택시 운전사의 일자리, 즉 기존 택시 운전사와 우버 택시 운전사의 일자리와 버스 운전사의 일자리도 마찬가지다. (러스트 벨트와 그 불행했던 시절처럼) 자동차 구입은 더 적어지면서 자동차 생산량도 줄어 자동차 산업은 속 빈 강정 신세가 될 것이다. 여기에, 정유소에서 주유소까지 석유 산업 종사자 중에서 사고를 당하는 사람이 줄고, 농장(에탄올)에서 사고를 당하는 사람도 줄어든다. 그리고 당장 자동차 보험 업계도 영향을 받는다. 졸음 운전 가능성이 줄어들어 안전도가 상승하고, 그 영향으로 응급실 의사와 간호사에 대한 수요가 떨어질 것이다. 현재 진행되고 있는 기술혁명에 거창한 찬사를 보내면서, 기술혁명이 고용에 미치는 영향에 대해서는 평상시와 같은 접근 방법으로 후퇴하는 것은 일관성이 없는 것이다.

이런 눈에 띄는 변화가 우리의 경제적, 사회적 삶에 파고들면서 새로운 일자리가 생길 것은 말할 필요도 없다. 이미 우리는 소프트웨어 엔지니어, 로봇공학자들이 고액 연봉을 받고 자동차 제조업체나 승차 공유 회사에 고용되는 것을 보고 있다. 정교하기는 해도 헨리 포드의 T 모델과 크게 다르지 않은 자동차 생산에 필요한 엔지니어의 수요가 바퀴 달린 스마트폰과 더 닮은 자율주행 자동차, 커넥티드 카, 인텔리전트 자동차의 요구 사항에 의해 추가되면서 일어나는 일이다. 사실은 추가되는 것이 아니라 이 수요가 더 많아지고 있다. 우버나 리프트(Lyft) 같은 승차 공유 회사들이 자신이 소유한 차를 모는 인간 운전사에서 자율주행 자동차로 옮겨 가려는 계획을 세우고 있지만, 많은 새로운 비즈니스 모델이 등장해 일자리를 만들고, 현재 우리가 추측 정도밖에는 할 수 없는 속도로 시장의 수요를 만족시킬 것은 의심의 여지가 없다. 하지만 우리가 이야기하고 있는 이 시나리오 뒤에는 두 가지 가정이 있다. 인간 운전사(직업 운전사와 아마추어 운전사)를 자율주행 자동차로 바꾸고, 개인 소유에서 가동시간/활용도가 훨씬 높은 자율주행 자동차 서비스로 전환하는 것은 필요한 노동의 종류와 노동의 양에 엄청난 영향을 미친다는 것이다.

기계지능을 인간의 전통적 기능 하나—운전—에만 적용해도 경제에 미치는 반향은 엄청나다. 우리의 전통적 기술은 우리 행동의 많은 부분을 강력하게 프레이밍해왔으며, 그 행동을 가능하게 하는 경제 활동을 구축해왔기 때문이다. 운전을 하기 위해서는 인간이 있어야 한다는 핵심 가정에 변화를 주면 모든 것이 갑자기 바뀌기 시작한다.

인공지능/로봇공학 혁명을 제1차 산업혁명처럼 '또 하나의' 산업혁명으로 보지 않고, 새로운 맥락에서 진행 중인 변화의 영향에 주목하는 것이 도움이 되는 이유가 여기에 있다. 찰스 머리가 말했듯이, '이번은 다르다'는 주장에는 많은 이점이 있다. 어떤 면에서 우리가 새로운 세대의 알고리듬과 스마트 디바이스의 발전을 이야기하고 있다는 것은 분명하다. 하지만 산업 경제에 미치는 영향 면에서 우리는 더 효과적인 비유를 찾아야 한다. 우리의 일을 맡을 수 있는 새로운 기술 '종'에 대해 이야기해야 하는가? 기계 지능이 인간 노동자가 할 수 있는 모든 일을 할 수 있다고 주장할 필요는 없다. 모든 일이 아니라 많은 일이다. 이런 일들을 기계에게 맡겼을 때 남는 시간을 가지고 할 수 있는 완전히 새로운 일을 인간이 찾아내지 못할 것이라고 말할 필요 또한 분명히 없다. 물론 이런 활동들이 전통적인 경제에 어떻게 연결되는지는 분명하지 않다.

변화의 속도, 그리고 정책 결정자들이 가능한 시나리오를 예측한다는 사실을 기억하는 것이 중요하다. 물론 우리는 새로운 일자리가 나타날 것이라고 예상할 수 있다. 인간의 창의성, 사회적 수요, 경제적 기회가 만나는 지점에서는 항상 그래왔다. 하지만 이런 일에는 시간이 필요하다. 새로운 스킬의 발전이 있어야 할 수도 있다. 그리고 우리는 그와 동시에 기계지능의 지속적이고, 경쟁적이고, 신선한 적용을 기대한다. 어린이, 학생뿐만 아니라 우리 모두를 위해 어떤 종류의 교육적 수요가 필요하게 될까? 이것은 서둘러 대답해야 하는 질문이다. 새로운 종류의 일자리와 훨씬 더 많은 '여가'라는 측면에서 그렇다. 스킬이 따라올 수 있도록, 새로운 직업이 나타날 수 있도록, 일자리를 기계에게 빼앗긴 다수의 노동자들을 흡수하는 데 필요한 만큼의 경제적인 기회가 나타나도록, 정체 상태─고원─를 예상해야 할 이유는 없다. 우리가 기계와 '경쟁'을 한다면, 기계는 점점 더 빠르게 움직일 것이다. 케인스(1931) 자신이 핵심적인 문제라고 주목한 포인트는 다음과 같다. "노동력을 최대한 이용할 수 있는 방법을 발견하는 속도가 노동의 새로운 쓰임새를 발견하는 속도보다 더 빨라서 발생하는 실업."

이미 기계지능이 점점 더 광범위하게 쓰이고 있는 것은 분명하다. 그렇기 때문에 인간의 가장 심오한 이 발명품은 분명히 또 하나의 사실상의 '종'이 될 것이다. 이 발명품은 '인공일반지능'(Artificial General Intelligence)을 가진 휴머노이드가 아니다. 실제로, 전혀 휴머노이드라고 볼 수 없다. 포인트는 인간이 할 수 있는 일의 점점 더 많은 부분을 하나씩 하나씩 대신하는 기계지능이 늘어나고 있다는 것이다. 그리고 이 현상은 다음과 같은 포괄적 용어로 가장 잘 이해될 수 있다. 인간을 대체하는 기계, 즉 생산에서 노동 요소를 대체하는 자산으로서의 기계 '노예 종'이라는 용어다.

이 포인트는 컴퓨터 과학자이자 작가인 마셜 브레인이 10년 전에 강조했던 것이다. 브레인은 초기에 상업적으로 성공한 웹사이트 중 하나인 하우스터프워크스(Howstuffworks)를 만든 사람으로 유명하다. 브레인은 커즈와일이 관계된 특이점 연구소(Singularity Institute) 컨퍼런스에서 인공지능이 노동력 전반에 확산되는 과정에서 우리가 직면하게 될 문제들을 강조했다. 그는 스크린에 미국 노동부의 직업 분류표를 띄우고, 인공지능에 영향을 받게 될 직업들을 훑어 내려갔다. 전체 직업의 약 50%였다. 옥스퍼드 대학교 경제학자인 프레이와 오즈번의 더 자세한 연구를 상당 부분 예견한 것이었다. 청중은 주로 기술의 열렬한 지지자들이었고, 브레인의 경고는 잘 받아들여지지 않았다. 야유를 받았다고 해도 놀랄 일이 아니었다. 특히 가시가 돈친 발언을 아직도 잊을 수가 없다. "브레인 교수님, 역사라는 학문에 대해 알고 있습니까?"였다. 다른 말로 하면, 과거의 전복적인 혁신이 좋은 일자리를 더 많이 창출했고, 미래에도 그럴 것이니, 그런 문제를 제기하는 것은 바보 같은 짓이라는 뜻이다. 이 상황은 우리를 다시 핵심적인 질문으로 유도한다. '이번에는 다를 것인가?'

고용의 새로운 원천?

'표준적인' 답은 인공지능 전문가 레이 커즈와일이 가장 잘 요약하고 있다. 커즈와일의 입장은 이 문제에 대해 둘로 나뉘는 입장들 가운데 가장 낙관적이다. 변화의 속도에 대해서나, 변화가 우리에게 좋은 소식일지에 대해서 모두 그렇다. 커즈와일이 관여하고 있는 특이점 대학(Singularity University)의 웹사이트가 밝히고 있듯이, "모든 정규적인 일이 로봇에 의해 이루어질 때 사람들은 무엇을 해야 하느냐는 우려의 증가에 대해 커즈와일은 이렇게 말한다. '우리는 사다리의 맨 위쪽에 새로운 직업을 더한다. 사다리는 위로 계속 올라간다. 위로 올라가는 사다리를 따라잡기 위해 우리는 사람들이 더 숙련되게 만들어야 한다.'" 산업혁명이 막 일어나기 시작했을 때 기계를 직물업에 도입하는 것에 대한 비슷한 우려가 있었다는 예를 들며, 커즈와일은 이렇게 표현했다. "거의 모든 일이 자동화되고 제거되는 것은 시간문제로 보였다. 그런 일들은 자동화되고 사라졌나. 하지만 어찌 된 일인지 고용은 늘어났다. [……] 새로운 산업이 부상하면서 그런 기계를 만들고 서비스하기 시작했다."(Hill, 2015) 이 글은 끈질긴 질문으로 결론을 맺고 있다. "오직 인간만이 할 수 있는 일은 무엇인가?"

로봇공학과 관련된 고용 문제를 전문으로 다루는 로펌을 운영하는 변호사 게리 마티어슨(Garry Mathiason)도 거의 같은 말을 한다. 그는 이 문제가 기본적으로 경제적인 문제라는 데 주목하고, 최저임금 인상을 통해 노동의 비용을 올리면 로봇을 고용하는 것에 더 매력을 느끼게 된다는 의견을 가지고 있다(뉴욕의 패스트푸드 스탠드가 그 예다). 빌 게이츠도 대체로 같은 주장을 한다. 정부는 고용주가 기계가 아니라 사람을 고용하도록 권장해야 하며, 최저임금 인상을 요구하는 것은 역효과를 낼 것이라는 주장이다. 마티어슨은 최저임금 인상을 위한 움직임이 미치는 영향에 대해서 "로봇을 도입해 일의 일부를 흡수하게 하는 것이 경제적으로 더 매력적인 효과를 낳을 것이며, 나는 최저임금 인상 운동이 로봇이 인간의 일을 대체하는 속도를 높일 것이라고 생각한다. 따라서 앞으로 5년 안에 정상적인 상업 활동의 측면에서 어느 날 갑자기 로봇이 우리 삶의 일부분이 될 가능성이 매우 높다."(Giang, 2015)

　　하지만 마티어슨은 별로 걱정하지 않는다. "이동이 있을 것이고, 현재는 존재하지도 않지만 미래에는 존재할 일자리로 사람들이 재배치될 것이다. 역사를 돌아보면 이런 혼란이 일정 기간 진행되었다는 것을 볼 수 있다. 그 진행 속도가 우리가 현재 경험하고 있는 정도로 빠르진 않았지만, 혼란은 분명히 존재했다." 이어 그는 고전적인 예라고 할 수 있는 미국 농업의 예를 든다. 1870년에도 미국 농업에 종사하는 사람은 전 인구의 70~80%에 달했다. 오늘날 이 숫자는 1%도 안 된다. 지지자들이 강조하는 것은, 제1차 산업혁명으로 인해 발생했던 상황을 생각해보면, 새로운 기계들이 사람들을 일자리에서 밀어냈지만, 그 기계들은 새로운 일자리를 만들어내기도 했다는 사실이다. 기계를 이용해 작업을 하든, 기계에 의해 밀려나 기계가 만든 새로운 경제에 편입되든, 결과는 새로운 일자리가 생겼다는 것이다. 지난 세대의 디지털 혁명의 맥락에서 생각해보면, 가장 쉬운 예는 기술 기업에 고용되어 일하거나, 검색 엔진 최적화 같은 일을 맡는 것이다. 검색 엔진 최적화 같은 일은 누구도 그런 일이 존재하리라고 예측하지 못한 일이다. 또한 이베이를 통한 상품 판매, 에어비엔비를 통한 숙박업, 블로그 작성도 있다(놀랍게도 블로그로 많은 돈을 버는 사람들이 꽤 있다!).

마티어슨은 확실히 엄청난 변화를 예견하고 있으며 그 변화들을 자신의 로펌 입장에서 보고 있다. "로봇의 임금과 근로시간은 어떻게 정해야 하는가? [……] 로봇은 최저임금과 초과근무 수당을 받아야 하는가?"(Giang, 2015)

새로운 일자리가 생길 수 있다는 주장은 『포브스』 기자인 스티브 데닝이 잘 정리했다. 마틴 포드의 최근 책인 『로봇의 부상』 서평에서 데닝은 이렇게 주장했다. "지난 수천 년 동안 그랬듯이 기계가 인간의 능력을 대체할 때" "나머지 다른 것은 바뀌지 않는다"는 것은 사실이 아니다. "현실에서는, 『다가오는 번영』(*The Coming Prosperity*, 2012)의 저자 필립 오스월드가 지적했듯이, 수렵·채집에서, 농노제에서, 자유 농민에서, 사무직 노동자에서, 지식노동자에서 다음 단계로 전환할 때처럼 기계가 한 종류의 인간 능력을 대체할 때, 새로운 인간의 경험과 능력이 나타나게 된다."(Denning, 2015)

데닝은 이어서 이렇게 말했다. "이러한 새로운 경험과 능력은 그 전 시대에는 생각하지도 못한 것이 대부분이었다. 새로운 경험과 능력은 대부분 더 높은 가치였으며, 기계에 의해 대체된 경험과 능력보다 더 재미있는 일을 제공했다. 농업, 산업화, 대량 생산 등의 부분에서 그랬다. 지금이라고 왜 달라야 하는가?" 우리를 토론의 한가운데로 몰아넣는 것은 마지막 문장이다. 다를까, 그렇지 않을까? 다르지 않다고 확신할 수 있을지 묻는 것이 더 낫겠다. 질문에 위험을 덧씌우는 상황으로 돌아가보면, 신중한 정책 결정자라면 이렇게 요구할 수도 있다. 21세기 노동시장에 닥친 잠재적인 대혼란에 포함된 위험성을 감안하면, 우리는 '이번에는 다르다'가 아니라고 진정으로 확신할 수 있어야 한다고. 게다가 '같다'면, 즉 우리가 직면하고 있는 것이 본질적으로 과거 혼란의 복제품이라면, 정책 결정자는 '같다'는 것이 인공지능/로봇공학 혁명에서 어떤 의미를 지니는지 물을 것이다. 기계지능의 영향이 노동시장의 거의 모든 요소로 퍼짐에 따라, '같다'가 매우 '다르다'로 판명될 수도 있기 때문이다.

명백해 보이는 것 중 하나는, 현재 인간이 하는 기능을 넘겨받는다는 측면에서 기계의 빈틈없음을 과소평가할 필요는 없다는 것이다. 데닝 자신도 과거의 혁신 혁명들에서 생겨난 "새로운 경험과 능력"이 전에는 "상상할 수도 없었던 것들"이라는 점에 주목했다. 이 주장에는 물론 두 가지 측면이 있다. 우리는 다가오고 있을지도 모르는 새로운 일자리가 무엇인지 상상할 수 없으며, 생계를 위해 일을 하지 않는 사람들이 훨씬 많아지는 사회 질서도 상상할 수 없다는 것은 둘 다 사실이다. 이 주장의 한편에 서는 것은 신중하게 생각해야 한다. 불과 2004년만 해도 프랭크 레비(Frank Levy)와 리처드 머네인(Richard Murnane)은 자동차 운전은 너무나 복잡해 로봇이 가까운 미래에 운전을 할 수 있다는 기대는 비현실적이라고 확신했다(이들은 우측 통행을 하는 나라에서 좌회전을 하는 어려움을 예로 들었다). 우리가 알고 있는 것처럼, 얼마 안 되어 구글은 이들이 틀렸다는 것을 보여주었다.

우리가 요약하고 있는 다양한 성과 또는 그 외의 많은 성과들을 생각해보면, 우리 인간의 지성이 가능하게 하는 많은 또는 대부분의 일들을 개별 기계가 대체하기 위해서 '인공일반지능'—인간처럼 똑똑해서 어디에나 적용할 수 있는 스킬을 가지고 있는 로봇—의 출현이 필요하지 않다는 점은 강조할 만하다. 제리 캐플런이 말하듯, 잠수함은 헤엄을 치지 않으며, ATM은 미소를 짓거나 우리에게 안부를 묻지 않으면서 현금을 내준다(어떤 경우에는 입금을 받기도 한다). 직설적으로 표현하면, 특정한 인간의 기능이 '안전'하다고 확신하는 것은 현명하지 않다. 여기서 안전하다는 것은 우리 종(species)이 수행하기에 안전하고, 기계와의 경쟁에서 안전하다는 뜻이다. 따라서 제프 콜빈 (Geoff Colvin)의 강렬하고 통찰력 있는 책 『인간은 과소평가되었다』(*Humans are Underrated*)의 서평을 쓰면서, 작가 프랭크 딜런(Frank Dillon, 2015)은 다음과 같이 책의 일부를 인용했다. "패턴은 분명하다. 현명한 사람들은 계속해서 인간이 하는 특정 업무의 압도적인 복잡성에 주목하고 있으며, 컴퓨터는 그 업무에 완전히 이숙해질 수 없을 것이라는 결론을 내리고 있다. 하지만 컴퓨터들이 그렇게 되는 것은 시간문제일 뿐이다."

소망적 사고?

대규모 구조적 실업을 포함하는 주요한 혼란이 발생할 가능성은 적을 수도 있다. 하지만 두 가지 가정 중 하나(또는 둘 모두)가 충족될 때만 그럴 것이다.

첫째, 기계지능이 고용에 미치는 영향이 많은 사람들이 예상하고 있는 것보다 훨씬 적은 미래여야 한다는 것이다. 다양한 이유로 그럴 수 있다. 아마 단순히 예측이 틀리고 옥스퍼드 대학교와 퓨 리서치 센터의 조사 결과가 무시할 수 있을 만한 수준이어야 할 것이다. 기술이 적용되려면 훨씬 더 많은 시간이 걸릴 수도 있다. 또는 우리 인간이 일을 기계지능에 넘겨주는 것에 예상보다 더 많이 저항할 수도 있다. 아마 우리가 무인 자동차에 저항하기로 결정하거나, 슈퍼마켓, 은행, 패스트푸드점, 경제 전반에서 개인적 서비스를 요구하면서 더 많은 비용을 지불할 각오가 되어 있을 수도 있다. 아마 우리는 노인을 돌보는 일을 기계에 넘기는 것에 대해 의심의 눈초리를 보낼지도 모른다. 아마 우리는 전반적으로 '장인에 의한' 서비스와 이들이 제조한 상품에 더 많은 돈을 지불해, 더 싼 기계 대체물이 있음에도 불구하고 인간의 노동시장을 계속해서 활성화할 수도 있다.

또는, 다른 말로 하면, 우리는 1990년대 후반 유럽이 유전자변형생물(GMO)을 거부했던 유명한 예와 비슷한 것을 보게 될 수도 있다. 유럽의 소비자들은 거대 생명공학 기업인 몬산토 거부 운동을 하면서, 몬산토 상품을 거부하고 근본적으로 그 상품들을 악마의 상품이라고 몰아붙였다. 그 결과로 GMO 표시를 하는 것과 GMO 작물들의 합법성 같은 문제는 20년이 지난 후에도 유럽과 그 밖의 지역에서 커다란 논쟁을 불러일으키는 문제로 남게 되었다.

이런 현상에는 기여 원인이 많이 있을 수 있지만, 이 현상을 '소프트 러다이트'(Soft Luddite) 반응이라고 프레이밍할 수도 있다(그리고 일부 기술진보주의자들은 그렇게 이름 붙이는 것을 좋아할 것이 틀림없다). 우리는 노인들을 진짜 사람들이 위로해주고 돌봐주기를 원할 수도 있다. 우리는 진짜 사람들이 식당과 은행에서 서빙을 해주는 것을 실제로 좋아할 수 있다. 우리는 사람이 계속해서 일할 수 있다면 돈을 추가로 지불하는 것에 진정 행복을 느낄 수도 있다. 경제학자들이 대수롭지 않게 여겨오는 것들에 더 많은 가치를 둔다면, 우리는 새로운 기술의 경제학에 저항하거나 그렇게 보일 수 있는 가능성이 얼마든지 있다. 유기농 식품에 훨씬 더 많은 돈을 지불하는 소비자들도 있을 것이다. 소비자의 선호는 기계를 선택하는 것과 대비되는 개인적인 것과 장인적인 것으로 확장될 수 있다. 이런 운동의 영향은 이 특정한 기술혁명에 상당한 제약을 가할 수도 있다.

우리의 우려를 중요하지 않게 만드는 두 번째 정당화는 아마 첫 번째보다 더 현실적일 것이며(또한 이 문제를 다루어온 기술진보주의자들의 관점과 더 잘 맞아들어갈 것이다), 실제로 이 시나리오가 현실화하기 위해서는 세 가지 서로 다른 요소기 필요할 것이다.

첫째, 새로운 일자리가 빠르게 생겨나야 한다. 새로운 직업이 생겨날 것이며, 그 숫자도 많을 수 있다는 것은 아무도 의심하지 않는다. 문제는 그 일자리들이 빨리 나타나느냐 시간을 두고 천천히 나타나느냐다. 일자리들이 천천히 나타날 가능성은 우리 입장에서는 특별히 디스토피아적 사고를 요구하지 않는다. 예를 들어 탄광업이나 제철업에서 검색 엔진 최적화나 이베이에서의 상품 판매로 바뀌는 현상이라고 할 수 있다. 즉 '새로운 경제'의 본질적인 직업으로 여겨지는 것은 무엇이든지 시간이 필요하다. 심각한 '구조적 실업'을 피하기 위해서는 혼란으로 인한 변화 속도와 새로운 일자리 전선에서 변화 속도가 상당 부분 같아야 한다. 이 과정이 전통적인 중공업으로부터의 전환에 걸리는 시간에 의존한다면, 전망은 그리 밝지 않다.

둘째로, 새로운 일자리는 다양하고 많아야 한다. 옥스퍼드 대학교 연구 결과에 따라 47%의 직업이 위협 받고 있다고 가정하면 대규모 고용 기회가 반드시 있어야 한다. OECD의 예측대로 9%의 일자리가 위협 받는다면 훨씬 덜 힘들어질 것이다. 350만 명의 트럭 운전사가 다른 직업으로 재배치되어야 한다면 경제 전반에 걸쳐 다른 직업들에서 350만 개의 일자리가 비어 있어야 한다. 현재 경제에서 새로운 종류의 일자리가 생겨나는 것을 지켜본 우리의 경험에 따르면 이렇게 될 것이라고 생각하려면 상당히 낙관적인 상상력이 필요하다. 모든 선진국이 도전에 직면하고 있는 가운데, 미국 중산층의 소득은 정체 상태이거나 줄어들고 있으며, 2008년 이후 영국의 전체적인 소득은 10%가 줄었다. 이런 상황은 새롭고 잠재적으로 극적인 이러한 혼란에 불확실성을 더하고 있다.

셋째로, 현재 경제의 노동자들이 이렇게 다양하고 새로운 기회들을 잡을 수 있게 만드는 데 필요한 교육과 훈련 프로그램이 효과적이고 시기적절해야 한다. 이 일은 가장 힘든 일일 수 있다. 무엇이 필요한지 안다고 해도, 공교육에 근본적인 변화를 일으키는 것은 논쟁을 불러일으킬 수 있고, 빙하가 녹는 것처럼 극도로 시간이 오래 걸리는 과정이다(예를 들어 미국에서는 그렇다는 말이다. 물론 다른 주요 선진국들도 상황은 비슷하다). 우리의 지도자들은 새롭고 빠르게 움직이는 일정표에 대해 생각하기 시작해야 한다. 우리가 이야기하고 있는 혼란의 시나리오와 밀접하게 관련된 교육/스킬 훈련의 중요성은 정책 결정자들이 미리 생각해야 할 다급한 문제다. 이전의 산업 경제는 이와 비슷한 것을 겪어본 적이 없다. 1930년대의 대공황조차 "유쾌한 장난으로 보이게 만드는" 상황이 만들어질 것이라는 노버트 위너의 말을 잊을 수가 없다.

다음에 무엇이 올지 우리는 모른다. 하지만 지구 최고의 두뇌들이 수십 년을 고생해 과거에는 인간만 할 수 있었던 일을 기계가 할 수 있는 방법을 발견해냈다는 것은 알고 있다. 이들의 목표는 과거에는 주로 학문적이었지만, 연구가 진전되면서 목표는 점점 더 경제적으로 변했다. 이 점에서 기계지능 분야의 발전은 인터넷 발전을 닮아가고 있다. 인터넷도 처음에는 공적 자금을 지원받는 학문적 프로젝트로 시작되었지만, 경제 활동이 인터넷을 통해 가능해지자 기업과 개인이 인터넷의 상업적 능력을 이용하면서 부의 원천이 되었다. 많은 세계 최고의 인공지능 전문가들은 현재 구글 같은 회사에서 일하고 있다. 세계 최대 자동차 회사 토요타는 10억 달러 규모의 로봇공학 연구소를 MIT와 스탠퍼드 대학교에 세우고 있다. 이제 경제적인 동기가 결정적인 동기가 된 것이다.

가치를 만들어내는, 더 싸고 더 효율적인 방법을 찾기 위한 연구가 산업 전반에서 진행되고 있다. 사람이 포함되지 않는 방법이다. 지적 기계는 하루 24시간, 주 7일 내내 일할 수 있다. 이 기계들은 노조에 가입하지도 않는다. 실제로 이 기계들을 사용하면 인사 부서도 필요가 없다. 새로운 자동화 혁명의 영향은 산업에 따라 다르지만(예를 들어 다양한 형태의 파트타임, 여성 위주, 노조 비가입 노동력을 이용하는 아마존 메커니컬 터크Mechanical Turk는 저비용 저숙련 노동력의 매력을 보여준다), 그 침투성에는 주목할 필요가 있다. 노동력의 비중이 작고 스킬이 요구되지 않는 농업은 컴퓨터화된 존 디어(John Deere) 트랙터에서부터 복잡한 로봇 같은 곡물 수확 기계에 이르기까지 이미 기계지능의 창의적 응용의 혜택을 누리고 있다. 곡물은 최근까지도 기계를 이용해 수확하는 것이 불가능하다고 여겨졌다.

경제적 입장에서 소득과 부의 분배 문제를 어떻게 다루는가 하는 것이, 노동 요소가 가치 창출에서 사라질 때 사람들이 어떻게 해나갈지를 결정할 것이다.

혼란에 대한 합의를 향하여

상황이 결국 어떻게 풀리든, 우리가 생각하고 있는 것은 혼란의 전망이다. 이 혼란의 전망에 관한 새로운 합의가 이루어져야 하며 더 현실적인 '사회적 통념'이 생겨나야 한다. 어떤 관점으로 보면, 이 혼란의 전망은 기술진보주의자들이 이미 별생각 없이 말하고 있는 것을 심각하게 다시 말한 것에 불과하다. 기술진보주의자들은 다가올 커다란 변화에 립 서비스를 하지만, 현재 진행되고 있는 혁명의 크기는 인정하기 싫어한다. 그들은, 적어도 암암리에, 우리가 구조적 실업의 새로운 물결의 시작을 맞고 있다는 것을 인정한다. 모든 주요 기술적 격동이 일으키는 것은 구조적 실업이라는 생각이다. 하지만 이번 실업은 얼마나 범위가 넓을 것인가? 얼마나 오래갈 것인가? 중공업의 몰락과 같을 것인가? 아니면 현대 세계의 경제 국가들이 경험하지 못한 어떤 것일까?

가능성이 심각한 모든 결과에 대비해 계획을 세우는 것이 책임 있는 행동이 될 것이다. 잘 이끌어질 때의 주요 기업과 정부는 모두 이런 식으로 돌아간다. 다른 차원에서는, 우리가 미래를 위해 계획을 세울 때, 직관적일 때가 많기는 하지만, 이런 식으로 행동한다. 상황이 어떻게 될지 확신이 들지 않을 때, 우리는 모든 만일의 사태에 대비한다. 놀랄 만한 결과에 의해 기습 공격을 당하지 않도록 하는 것이다. 우리 중 누구도 집이 불타서 무너지기를 기대하지 않는다. 하지만 보험에는 가입한다.

기계지능이 우리의 노동시장에 확산됨에 따라 상당한 혼란이 올 것은 분명하다. 우리가 이야기해야 하는 것은 그게 전부다. 그 정도면 합의를 구축할 수 있는 기본이 되지 않을까?

제4장
합의를 구축하고 준비하기

일 없는 세상이 시작된다는 것에서부터 '완전고용' 모델을 유지하기 위해 새로운 일자리가 충분히 많이 있을 것이라는 전망까지, 다양한 예측들을 수용하는 정책 합의가 필요하다. 합의는 가능한 미래의 혼란에 대비하는 데 초점을 맞춰야 하지만, 생기는 일자리보다 없어지는 일자리가 더 많을 수 있다는 가능성도 수용해야 한다. 이 가능성은 장기적으로 극적인 누적 충격을 동반할 것이다. 일자리가 없어지는 비율이 9%이든 47%이든, 정책 결정자들은 신중하게 준비해야 한다. 과거의 산업적 혼란 패턴이 반복된다면 심각한 구조적 실업과 '러스트 벨트'의 부상이 우리를 기다릴 것이다. 하지만 어떻게 준비해야 할까?

> 매일 먹을 빵을 위해 땀을 흘리는 사람들에게 여가는 간절히 기다리던 쾌락이다. 다만 그 여가를 얻을 때까지만이다.
>
> — 존 메이너드 케인스(1931)

우리는 앞으로 어떤 일이 일어날지 모르기 때문에, 우리 자신에게 두 가지 질문을 던지는 것으로 시작하려 한다. 첫째, 새로운 일자리가 생겨나 기계에게 가는 일을 사람이 할 수 있게 된다는 통상적 가정에 기초하면, 앞으로 올 전이 기간에 어떤 종류의 노동시장 혼란을 예상할 수 있을까? 둘째, 새로운 일자리로 대체되지 않는 대량 실업이라는 생각은 터무니없는 것인가, 심각한 가능성인가?

두 질문 모두 데이비드 오터(2015)가 대량 실업에 대한 "디스토피아적" 관점이라고 부른 것을 가정하지 않는다는 점에 주목하자. 첫 번째 질문은 인공지능이 고등한 형태로 응용이 이루어지면서 노동시장에 미치는 주요 영향을 가정한다. 이는 흔한 관점이며, (찰스 머리가 주목했듯이) 9%라는 OECD의 '낮은' 숫자라도 앞으로의 큰 변화를 암시해 '러스트 벨트' 같은 상황이 나타날 수도 있다는 관점이다. 이 상황은 우리가 "비인적 자원"이라고 불러온 것들이 적용되는 다양한 경제 영역에서 나타날 것으로 예상된다.

두 번째 질문은 위험의 맥락에서 '디스토피아적' 노동시장 시나리오를 다루고 있다. 최소한 단기적 또는 중기적으로 멈출 수 없는 주요한 붕괴가 나타날 가능성은 얼마나 될 것인가? 현재 지지자들이 늘어나고 있는 이 케인스적인 가설은 매우 걱정스러운 것이다. 이 가설이 시사하는 것은, 혁신적 기술로 인해 다음에 올 혼란이 생산 요소를 점진적으로 재조정해 인간 노동을 배제하게 된다는 것이다. 처음에는 일부 요소를 재조정하다가 그다음에는 대부분의 요소를 재조정하게 될 것이다. 하지만 이 질문은 어떤 일이 일어날지에 대한 우리의 입장에 맞춰진 것이 아니라(여기에 대해서는 많은 관점이 있다), 이런 일이 일어날 수 있다는 위험에 맞춰져 있다.

미래의 불확실성은 언제나 그 정도가 다양하기 때문에, 기업 전략가들은 위험의 측면에서 불확실성을 표현해 그 불확실성을 다루는 '전략적 계획'을 짠다. X가 발생할 가능성은 얼마이며, 그 일이 일어난다면 그로 인한 영향은 어떤 것인가? 첫째는 위험을 수량화하고(가능성이 얼마인가?) 잠재적인 영향을 계산하는 것이다(얼마나 영향이 클 것인가?). 둘째는 X가 일어날 확률을 어떻게 가장 잘 줄일 수 있는지 전략을 세우고, 그다음에, 마지막으로, 우리가 최선을 다했음에도 그 일이 일어난다면 그 영향을 어떻게 제한할 것인지 전략을 세우는 것이다. 이는 중요한 영향을 미칠 수 있는 모든 시나리오와 일어날 가능성이 너무 낮아 무시할 수 있는 모든 시나리오에 모두 적용된다.

물론, 기업 환경에서 그렇듯이, 위험 평가와 경영은 X의 가능성에 대처하기 위해 다른 곳에 악영향을 주는 것은 피해야 한다는 사실 때문에 복잡해진다. 질병보다 더 나쁜 치료 결과를 얻고 싶은 사람은 없다. 이는 X의 가능성에 대비해 계획을 세우려는 모든 노력에 비판적인 사람들에게 일종의 동기 부여가 된다. 그들은 혁신의 잠재적인 부정적 영향에 대해 이런 문제를 제기하는 것은 혁신을 무디게 하고, 혁신의 성공 가능성을 줄인다고 주장한다. 이렇게 주장하는 것은 기하급수적인 기술적 변화의 과정을 순진하게 다루는 방법으로 보일 수밖에 없다.

MIT 경제학자 데이비드 오터(2015)가 지적했듯이, 그들은 오터가 "인간·기계 대체에 대한 최근의 우울한 예언"이라고 부른 것에 반대하면서, 언제나 그렇듯이 자신들의 주장의 의미를 언급하지 않고 있다. 상황이 그렇게 전개되면 "우리의 가장 중요한 경제 문제는 희소성이 아니라 분배의 문제가 될 것"이라는 점이다. 이 문제가 중요한 것은 이 문제가 경제의 영역과 정책의 영역을 직접적으로 연결하기 때문이라는 점을 주목할 필요가 있다. 대부분의 장밋빛 시나리오보다 장점이 있다면, 자본이 더 큰 역할을 하고 노동이 더 적은 역할을 하는 경제 체제에서 분배의 문제는 피할 수 없는 것이 된다.

위에서 제기된 이 두 가지 기본적인 질문에 대해 신중히 반응하면, 개인이나 조직이나 정부 그 어느 차원에서든 합의에 기초한 비상 대책을 세울 수 있을 것이다. 우리가 혼란에 직면해 있다는 것에는 누구나 동의한다. 그리고 준비하는 것이 현명한 일이다. 언제 어떤 일이 일어날지는 불확실하지만, 혼란은 곧 닥칠 것이다. 옥스퍼드 대학교의 연구 결과는 적당할 정도로 모호하다. 하지만 "10년이나 20년"이라고는 말하고 있다.

그렇다면 어떻게 준비할 것인가?

사람들을 준비시키기

최근 정부의 자문위원 한 명이 우리가 무엇을 하고 있어야 하는지 물어왔을 때, 나는 우리의 리더들이 우리에게 하는 질문을 프레이밍해야 할 필요가 있다고 우선 대답했다. 이제 이야기할 때가 왔다. 우리는 지구상의 어떤 정치 지도자도 다가올 노동 위기의 전망에 대해 말하는 것을 보지 못했다. 가장 근접한 것은 노동자들이 '새로운 경제'에서 기술의 혜택을 잘 챙겨야 할 필요성에 대해 가끔 언급하는 것뿐이다(오바마 대통령은 마지막 국정 연설에서 이 문제에 대해 몇 마디 언급했다). 하지만 이것은 문제를 잘못 이해한 것이다. 기술이 기업들로 하여금 노동자들을 더 쥐어

짤 수 있게 하는 것은 사실일지 모르지만, 그것은 과도적인 상황이다. 문제는 노동자들이 기계로 인해 높아진 생산성의 혜택을 나눠 받느냐 아니냐가 아닐 것이다. 문제는 그들이 여전히 노동자냐 아니냐가 될 것이다.

따라서 우선 리더들이 이 질문들을 프레이밍해야 할 필요가 있다. 그리고 그 프레이밍은 질문의 심각성과 위급성에 부응하는 방법으로 이루어져야 한다. 하지만 지도자들이 직면한 문제는, 이 질문들이 정치적 의제와 맞지 않는다는 데 있다. 적어도 주류에 있는 정치인들 그 누구의 정치적 의제와도 맞지 않는다. 이 문제는 프레이밍되어야 할 필요가 있으며, 또 제대로 프레이밍되어야 한다. 전이가 곧 일어나려고 할 때 지도자들이 중요해지는 것은 이 이유 때문이다. 20세기로부터 물려받은 산업 경제의 근본적 변화를 예상하는 상황이 오고 있다. 이 물려받은 산업 경제의 구조는 19세기와 18세기의 경제의 구조다. '완전고용'이 끝나버릴 것이기 때문에 이제 남은 것은 변화밖에 없다. 사람들이 더 자주 직업을 바꾼다는 생각에 익숙해지고 있는 것처럼, 한 직장을 평생 다닌다는 생각은 이미 과거의 생각이다. 풀타임 직장을 원하면 얻을 수 있다는 생각도 같은 길을 갈 것이다. 우리는 글로벌 규모의 '러스트 벨트'를 향해 움직이고 있는지 모른다. 이 글로벌 러스트 벨트에서는, 노동자들이 가진 스킬은 돈을 받을 수 있는 스킬의 수와 맞지 않는다. 돈을 받을 수 있는 스킬은 더 줄어들 것이다. 왜냐하면 무엇보다도 우리는 기계 종과 경쟁하고 있기 때문이다. 기계 종은 고용하는 데 더 적은 비용이 들고, 점점 더 똑똑한 형태로 진화하고 있다.

따라서 우리는 이 토론을 프레이밍하고, 다양한 유권

자들을 준비시키고, 그들에게 경고를 하면서도 그들을 교육시킬 수 있는 지도자들이 필요하다. 지금 나타나는 상황은 다가오는 위기로 받아들여져야 하지만, 이 상황은 또한 더없이 좋은 기회의 가능성을 제공하기도 하기 때문이다.

문제는 이 거대한 도전을 인식 가능한 의제에 포함시키는 것이다. 이 문제에 관해서는 기수 역할을 할 것이라고 생각되었던 노동 지도자들이 이런 토론 참여를 꺼려온 이유 중 하나는 혁신에 반대하고 기술에 저항하는 것을 주저했다는 점이다. 노동 지도자들이 단지 러다이트로 낙인찍히는 것을 두려워했기 때문이 아니다. 전이가 아무리 고통스러워도 마지막 결과는 더 큰 번영과 고용 기회의 확대였다는 과거의 교훈 때문이다. 또한 우리가 공포를 일으키는 용어를 써가며 새로운 기술에 저항해야 한다고 문제를 프레이밍하면서 토론에 참여하지 않는 것이 실제로 도움이 되기도 한다.

하지만 어쨌든, 우리는 이 문제에 대해 사람들에게 정보를 주고 이해시켜야만 한다. 미래에 대한 개인적, 정치적 의사 결정을 성숙시키는 데 필요한 배경을 제공해야만 한다.

정부를 준비시키기

정부 자문위원에 대한 나의 두 번째 제안은 정책과 관련된 것이었다. 노동시장이 혼란스러운 전복에 직면해 있는 상황에 대비할 수 있도록 모든 정책 영역을 폭넓게 검토하는 일이 필요하다. 전통적인 용어로 말하면, 구조적인 이유로 인한 실업 증가에 직면한 상황이다. 앞으로 20년 동안 일자리의 반 또는 그 이상이 침식당하는 것을 우리가 보든

보지 못하든, 일자리를 잃은 노동자들은 무엇을 해야 할까? 사우스웨일스와 디트로이트의 예는, 새로운 일자리들이 생겨나지만 그 과정이 지저분하고 오래 걸릴 것임을 보여준다. 또한 스킬이 더는 의미가 없어진 개인들에게 충분한 기회를 제공하지 못할 수도 있다.

그렇다면 실업률이 5%('완전고용'에 가까운)가 안 되거나, 10%(거의 위기 수준으로 정부에게는 위협이지만 현재 유럽연합 평균에 가까운 수치. 이 수치에는 남부 유럽 국가들이 크게 기여하고 있다)이거나, 30%라면, 미국에서, 영국에서, 다른 OECD 국가들에서, 정책 제도는 어떤 모습을 띨까? 그 정도 수준의 실업률이 계속 유지된다면 민주 국가들은 어떤 정책을 실시해야 할까? 이 정도 수준은 우리가 이야기한 심각한 구조적 실업의 일부 예의 특징이며, 이 경우에 실업률이 서서히 떨어지는 데 여러 해가 걸렸다.

논의를 진행하기 위해, 특정 정책 목표들을 당연하다고 생각해보자. 첫째, 파트타임이든 풀타임이든, '고용' 상태에 있든 정규적이고 자발적인 활동을 하든, 사람들이 일을 하는 것이 사회적인 선이라는 정책 목표다. 둘째, 모든 시민을 부양하기 위한 적당한 수준의 지원이 필요하다는 정책 목표다. 이것은 사회적인 선으로 볼 수도 있고, 필요악으로 볼 수도 있다. 나라마다 매우 다른 접근 방법을 사용하고 있다. 특히 대서양을 사이에 두고 있는 나라들이 크게 차이 난다. 하지만 실업률 상승만큼 중요한 문제가 되고 있는 간단한 경제적 문제도 걸려 있다. 수요의 중요성이다.

가치 생산에서 인간 요소의 중요성이 떨어지고 자본

과 기술의 중요성이 높아지면서, '완전고용'이라는 개념에는 새로운 중요성이 더해질 것이다. 그리고 '실업' 비율의 정치적 중요성도 그럴 것이다. 20세기 산업 사회로부터 온 이런 생각들의 유산은 사라질 것이고, 풀타임/파트타임 구분과 같은 수반되는 개념들도 같이 사라질 것이다. 이 의제상의 다른 문제들처럼, 이 문제도 유럽 사회보다는 미국에서 더 큰 중요성을 가질 것이다. 미국에서는 건강 관련 혜택이나 다른 혜택이 주로 풀타임 직장에 집중되고 있기 때문이다. 하지만 이는 모든 산업화된 경제 국가에서 나타나는 특징이기도 하다. 이들 국가는 정해진 노동시간을 다양한 정책과 혜택(퇴직소득과 육아휴직)의 근거로 설정하기 때문이다. 이런 근거는 할 일이 적어진다는 것을 감안해 재조정이 필요하다. 또한 가능한 한 풀타임 '패키지'에 가둬두는 것(현재의 기본 값이다)보다 (사회적인 이유로) 일의 공유를 권장하는 것이 정책 지상 과제가 될 수도 있다.

고용/자영업 구분에도 같은 것이 적용된다. 여기서의 문제는 "기그 경제"(gig economy)라고 불려온 것의 부상이라는 맥락에서 특히 미국에서 논의되어왔다. 지금까지의 변화가 과장되어왔을 수 있었던 반면, 우버와 부상과 우버의 실질적 피고용인인 계약자들이 정책 결정자들과 미국 법원에서 신선한 충격을 주었음에도 불구하고, 자영업자들을 노동력의 부차적인 층으로 취급하는 것은 문제가 되어왔다.

자원봉사와 실업 사이의 구분에도 비슷한 것이 적용된다. 자발적인 노력은 정부에 의해 사회적으로 가치가 있다고 여겨지고, 직간접적으로 자금 지원을 받기도 하며, 사회 서비스를 하는 방법으로 받아들여지지만, 정책 전망에서 대체로 소외된다. 또한 '고용된' 상태와 은퇴한 상태의 구분, 고용과 교육의 구분도 그렇다. 위의 것들은 모두 20세기 산업 사회의 전통적인 '완전고용' 가정에서 비롯되었다.

한편, 일자리들이 인간 경제에서 걸러지면서, 정부는 고용주들이 피고용인들의 고용을 유지시키도록 최선을 다할 것이다. 빌 게이츠 같은 사람들은 이미 최저임금을 올리려는 노력이 패스트푸드나 다른 저임금 일자리에서 기계 사용을 촉진할 것이라는 점을 강조하고 있다. 인간과, 더 싸게 고용할 수 있는 노예 기계 사이의 단순한 경쟁이라는 문제는 중요한 정치적 문제가 될 수도 있다. 정부는 일자리 유지를 위해, 세금과 의무적 혜택 부과를 통해 고용주가 인간 피고용인을 유지하는 데 드는 비용을 줄이는 방법을 생각해야 할 수도 있다. 정부는 인간 노동자를 밀어내고 그 자리에 지적 기계를 고용하는 데 세금을 부과하기 시작할 수도 있다. 경쟁의 장을 공평하게 하고, 인간의 일자리가 없어지면서 없어진 소득을 대체하기 위해서다. 이런 움직임이 기술진보주의자들에게는 새로운 기술을 공격하는 러다이트 같은 움직임으로 보일 수도 있다. 하지만 정부는 고용과 세금 수입의 수준 모두를 조절하려고 끊임없이 노력하고 있으며, 일단 이런 변화의 악영향이 나타나기 시작했을 때 정부가 태도를 바꿀 것이라고 기대할 이유 있다. 정부가 이런 문제들에 대해 훨씬 더 앞을 내다보며 생각해야 하는 분명한 이유 중 하나는 현재 나타나고 있는 새로운 환경에 적절하게 적응해야 한다는 것이다. 애플, 아마존, 구글 같은 '새로운 경제' 기업에 세금을 어떻게 부과할 것인가와 관련된 최근의 전 지구적 과제는 같은 문제의 또 다른 측면을 보여준다(Kennedy, 2016).

이런 생각은 우버 택시 같은 전복적인 기술 적용 사례를 포함한 현재 논란의 일부에 새로운 시각을 제공한다. 프랑스 파리를 포함한 몇몇 도시가 우버 택시를 부르는 데 걸리는 시간을 의무적으로 늘려 전통적인 택시 운전사들의 경쟁력을 강화하려 한 것은 진보를 늦추려고 하는 재미있는 시도라 할 수 있다. 하지만 그들은 노동자가 기계로 대체되는 전이 과정을 조절하기 위한 정부의 광범위한 노력이 어떤 것이 될지 예시하고 있다.

보편 소득?

여러 해 동안 논의되어왔으며 이제 활기를 띠기 시작하는 핵심 정책 제안 중 하나는 보편적 기본소득(UBI: Universal Basic Income) 제안이다. 가치 생산에서 자본과 한 쌍이 되는 인간 노동력에 대한 수요가 줄어들면서, 고용으로부터 오는 소득과 개인 생계 유지 사이의 연결 고리가 위협을 받고 있다.

'사회 임금'—국가가 국민에게 제공하는 복지 혜택을 모두 돈으로 환산해 더한 수치—의 수준과 빈곤층, 불완전 취업자, 실업자들에게 주어지는 수당(어떤 나라에서는 적당한 직장에서 풀타임으로 일해서 버는 돈과 별 차이가 없는 반면, 어떤 나라는 얼마 안 되기도 한다)의 수준과 관련해 선진국들의 강조점은 서로 다르다. 하지만 실업 수준이 상승하면 사회적(그리고 실제로 정치적) 문제가 의제에 오를 뿐만 아니라, 수요도 감소해 경제는 더 압박을 받게 된다. 이런 우려들에 대한 반응으로, 복지 혜택을 근본적으로 단순화하는 수단으로 처음 개발되었던 아이디어가 다시 살아나고 있다. 재미있는 것은, 서로 매우 다른 관점을 가지고 있는 경제학자와 정치인들에게서 이 아이디어가 부활하고 있다는 점이다. 이 점에서, 근본적으로 국민소득의 재분배와 관련되는 보편적 기본소득이 우리가 직면하고 있는 도전에 대한 '사회주의적' 해법으로 보일 수는 있지만, 또 하나의 정치적인 브랜드로 볼 가치가 있다. 주요 지지자 중 한 명은 보수 경제학자인 밀턴 프리드먼이었다(Orfalea, 2015).

> 우리는 뒤죽박죽 섞여 있는 특정한 복지 프로그램들을 하나의 포괄적인 현금 소득 보조 프로그램으로 대체해야 한다. 음의 소득세(negative income tax)다. 음의 소득세는 생활이 어려운 모든 사람에게, 그들이 어려운 이유와는 상관없이, 최소한의 보장을 해줄 것이다. [……] 음의 소득세는 포괄적인 개혁을 촉발해 현재의 복지 제도가 너무나 비효율적이고 비인간적으로 하고 있는 것들을 더 효율적이고 인간적으로 하게 만들 것이다.

이 아이디어를 새롭게 다시 생각해보자는 움직임은 어느 정도는 그렇게 안 한다면 어떤 일이 일어날지에 대한 생각에서 비롯되었다. 예측된 혼란의 첫 번째 단계에 우리가 진입하면서 지금의 정책 제도를 실업률이 계속해서 상승하는 상황에도 계속 밀고 나간다면, 러스트 벨트가 확산되는 것처럼 불평등이 심화되고 대규모 사회적 혼란을 맞게 될 것이다. 보편적 기본소득 지지자들은 다시 활기를 띠고 주장하기 시작했다. 얼마 전 찰스 머리(2016)가 『월스트리트 저널』에 기고한 글을 보면 알 수 있다. 보수적인 버전들이 그렇듯이, 머리의 제안은 보편적 기본소득이 모든 사회적 혜택(사회 보장, 미국 은퇴 프로그램)을 대체하기 원한다는 점에서 특히 급진적이다. 재미있는 것은 머리가 보편적 기본소득을 노동시장 문제에 연결하고 있다는 점이다. 그는 보편적 기본소득이 "근본적으로 변화하는 미국 노동시장에 대처하는 최선의 방법"이라고 말한다. 옥스퍼드 대학교와 OECD 보고서를 검토한 후 머리는 다음과 같은 결론을 내렸다. "가장 낙관적인 시나리오도 심각한 문제를 예고한다. 전통적으로 정의되는 일자리를 포함하지 않는 미국에서 잘 살아가기 위해서는, 어떻게 해서든 몇십 년 안에 보편적 기본소득이 가능해져야 한다. 보편적 기본소득은 그전에 없던 세상으로의 전이에 필수적인 부분이 될 것이다."

보편적 기본소득에 대한 찬반 주장은 계속될 것이다. 하지만 노동시장이 우리가 논의한 종류의 혼란을 곧 맞게 된다면, 정치적으로 수용 가능한 해법으로 현재의 실업자와 불완전 취업자(그리고 재교육을 받고 있는 사람들)를 위한 수당보다 더 확실한 지원을 어떻게 제공할 수 있을지는 미지수다. 보편적 기본소득이 그렇게 할 수 있는 유일한 방법은 아니다. 하지만 시나리오가 더 극적으로 변하면서 점점 더 매력적인 방법으로 변할 것이다.

한편, 다양한 유럽 국가들은 여러 가지 버전의 보편적 기본소득을 실험하고 있다. 의제는 이 책에서 논의된 주제들에 대처하는 즉각적인 노력이라기보다는, 일반적으로 더 넓은 범위의 사회 복지 개혁에 관한 것이다. 하지만 특히 복지 예산이 급증하고 있는 지금, 정치적 스펙트럼의 다양한 부분이 가진 이해관계는 보편적 기본소득 개념에 계속 생기를 불어넣고 있다. 스위스는 최근 부결되었지만 보편적 기본소득의 한 형태를 도입하는 국민투표를 실시했다. 덴마크와 핀란드는 보편적 기본소득 실험을 해오고 있다. 분명히 이 유럽 국가들은 '사회 임금'이 상대적으로 높고 장기 실업자들에게 더 관대한 정책을 실시하고 있기 때문에, 예측된 구조적 혼란이 다가오면서 자신들이 미국과 아시아 국가들과 비교해 경쟁 우위를 갖고 있다고 생각할 수 있다.

노동력을 준비시키기

정부의 가진 세 번째 중요성은 명백히 교육과 훈련 영역에 존재한다. 새로운, 그리고 진화하는 지적 기계라는 종과의 경쟁에서 살아남을 새로운 일자리들이 나타나는 것에 희망적이라면, 노동력을 교육시키고 재교육시킬 수 있는 가능한 최선의 전략을 준비하는 것이 중요하다.

이 시점에서 정설은 스템 교육(과학, 기술, 공학, 수학)에 집중하는 것이다. 스템 교육은 기술이 점점 더 중요해지는 경제에서 자라나는 세대를 새로운 스킬 시장에 더 잘 대비하게 하는 방법으로서의 교육이다. 스템 교육은 가치 있지만, 이미 말했듯이 핵심적인 문제가 없지 않다. 노동시장에 기계가 미치는 잠재적인 영향에 대한 모든 예상이 분명하기 때문에 많은 과학, 기술, 공학, 수학 관련 일자리들은 조만간 기계에게 갈 가능성이 높다. 그리고 (현재!) '고유한' 인간의 특징은 이런 기술적 스킬에 의해 거의 강화되지 않는다. 과학, 기술, 공학, 수학이 현재의 학생들을 준비시키는 데 도움이 되지 않는다는 뜻은 아니다. 우리가 기계를 이해하고 기계와 같이 일하도록 해주는 스킬을 학교에서 더 잘 가르쳐야 할 필요가 없다는 뜻도 아니다. 하지만 과학, 기술, 공학, 수학 스킬이 분명 만병통치약은 아니다. 우리가 알고 있는 것은 직관, 관계 능력, 창의성같이 복제하기 힘든, 인간만이 가진 고유한 능력이 존재한다는 것이다.

적응력이라는 핵심적인 문제도 존재한다. 미래의 직업 변화에 준비해야 한다는 말은 진부해져버렸다. 실제로, 미래를 생각하면 우리의 아이들은 점점 더 길어지는 수명, 풀타임과 파트타임 '일'의 변종들이 나타나는 삶, 피고용 상태와 자영업, 자원봉사, 여가 기간에 거의 끝도 없이 적응해야만 한다. 어떻게 해야 이 아이들이 더 준비를 잘할 수 있을까? 자기창조(self-invention)와 재창조 능력, 감독이나 경제적 필요의 압박이 없는 상태에서 스스로 시간을 보람 있게 보내는 능력, 정신적인 삶, 다양한 종류의 관계 능력, 그리고 무엇보다도 변화를 다루고, 변화에 대처하고, 심지어는 변화를 즐기는 능력 같은 스킬들을 가르쳐야 할 것이다. 이 방법은 순진한 스템 처방과는 거리가 먼 것이다. 이런 스킬들을 가르치는 것이 우리의 현재 커리큘럼과 연관이 있다면, 그것은 정확하게 교양 과정과 인문학의 영역 안에 있다. 하지만 이런 스킬들은 더 근본적으로는 학문 간 역량, 감성 지능, 심도 있는 관계 능력을 요구할 것이다. STEM에 '예술'(Arts)을 더한 STEAM이라는 약자는 우리가 앞으로 나아가면서 필요한 스킬에 대한 훨씬 더 현실적인 개념을 제시하고 있다. 기술에 집중하는 것은 매우 중요할 것이다. 기술과 그 사용자를 중재하는 것도 그럴 것이다. 하지만 인간의 창의성과 공감 능력은 기계지능이 지

배하는 작업 환경에서 직업의 중심 요소가 될 것이다. 이 새로운 상황이 교육에 미치는 영향을 알기 위해서는 훨씬 더 멀리 내다보아야 할 것이다.

우리 자신을 준비시키기

다가오는 혼란에 대비해 우리 자신과 가족을 어떻게 준비시켜야 하는지는 결코 쉬운 문제가 아니다. 학생들은 직업 선택을 고민할 때, 자신의 선택이 기계의 공격에 살아남을 가능성이 얼마나 높은지, 그들의 스킬과 관심이 다양하게 적용되었을 때 각각이 어떤 장점을 가지고 있는지 고려해야 할 수도 있다. 전략적인 결정을 해야 할 수도 있다. 기계를 만들고, 형태를 정하고, 유지 보수하는 사람들 사이에 들기 위해 스템 기술을 두 배로 늘려야 할까? 기계와 인간의 인터페이스에 대한 문제와 스필버그의 기억할 만한 영화 〈A. I.〉(2001)에서 "메카"(mecha, 기계)와 "오르가"(orga, 유기체)로 불리는 것이 만나는 지점에서 발생하는 능력에 집중해야 할까? 아니면 생존 지수가 높은 직업에 도전해야 할까? 옥스퍼드 대학교 리스트의 맨 위에는 레크리에이션 치료사가 있다. 702번인 제일 밑에는 텔레마케터가 있다. 불행히도 텔레마케터가 현재 직업인 사람을 제외한다면, 텔레마케터가 사라진다고 해서 슬퍼할 사람이 있을지는 의문이다. 기계 마케팅 전화를 받는 것이 더 안 좋은 경험이 되겠지만, 우리를 대신해서 그 기계 마케팅 전화를 받아줄 로봇이 등장할 것도 확실하다.

　　정치 영역에서 이런 토론이 거의 부재하다는 것을 차치하고라도, 고등학교와 대학교, 대학원에서 이 문제가 꾸준히 다루어지지 않는다는 것은 놀라운 일이다. 선택 과목인 '직업과 기술' 수업 또는 가끔 있는 직업 상담 시간에도 별로 다루어지지 않는다. 이런 교육기관들은 모두 앞으로 큰 변화가 오지 않을 것이라는 암묵적 이해를 바탕으로 운영된다. 직업은 더 유동적이고 노동자는 더 유연해지고 있는데 이 교육기관들의 전체적인 틀은 변하지 않고 그대로 남아 있게 되는 것이다. 그 과정에서 교육기관들이 학생들을 잘못 이끌고 있다는 것은 부끄러운 일이다. 그 교육기관들이 오늘 한 선택은 노동시장이 혼란을 맞을 때 그들이 얼마나 준비가 잘되었는지, 안 되었는지를 운명적으로 가르게 될 것이다. 미래에는 유연성이 더 중요해질 것이라는 일반적인 인식이 있다. 하지만 그 인식은 상황을 과소평가해서 나온 절름발이 인식이다. 우리의 거창한 교육 정책 토론에서는 미래에 가장 큰 문제로 무엇이 떠오를지에 대해서는 한마디도 하지 않는다. 이 토론들은, 특히 미국과 영국에서, 정규 교육과정의 방향 안에서 국가 입법과 대규모 정부 개입에만 집중되어 있다.

여가의 문제도 존재한다. 기술 전문가인 스토 보이드(Stowe Boyd)는 다음과 같이 말했다. "2025년의 중심적인 문제는 '인간의 노동을 필요로 하지 않고, 로봇 기반의 경제를 이끌어갈 소수의 사람만이 필요할 세상에서 인간은 무엇을 위해 존재하는가'일 것이다."(Smith & Anderson, 2014) 여가를 위한 교육의 문제는 이상하게 들릴 것이다. 하지만 이 문제는 직업 준비에만 거의 완전히 초점을 맞춘 현재의 토론을 인간의 번영을 위한 교육의 근본 목적으로 방향을 전환하게 한다. 지금은 그 목적에 대해, 젊은이들과 우리가 앞으로 올 이상한 세상에 어떻게 가장 잘 준비할 수 있는지에 대해 근본적인 질문을 할 때다. 내가 이 질문에 대해 말한 후 누군가가 내게 물어보았듯이, 22세에 대학을 졸업하자마자 은퇴해야 한다면 교육의 내용은 무엇이 되어야 하는가? 이 질문이야말로 가장 제대로 된 질문이었을 것이다. 케인스의 "새로운 유한 계급"은 지금까지는 몽상에 불과했다. 하지만 인공지능 혁명은 새로운 유한 계급이라는 말이 제기하는 질문을 첨예한 관심사로 빠르게 전환시킬 수 있다.

　우리는 전통적인 고용 감소가 고용되지 않은 빈곤층을 증가시키는 것 외에 다른 것을 불러올 수 있을 때 정부가 해야 할 결정들의 일부에 대해 살펴보았다. 하지만 이 혼란이 불평등을 심화시키든 그렇지 않든, 이 혼란은 노동 시간이 줄어든다는 의미를 내포할 가능성이 높다. 다른 말로 하면, 우리가 결국 부자가 되든 가난하게 되든, 우리에게는 시간이 더 많아진다는 것이다. 이 '시간'이 20세기 그리고 지금까지의 21세기 사회에서 사회적 병폐를 일으켜온 주범이라는 사실에 주목할 가치가 있다. "놀고 있는 손에는 악마가 할 일을 준다"는 속담은 확실히 맞는 것으로 증명되고 있다. 대부분의 선진국에서 그렇듯이 생계 유지 소득이 주어진다고 해도, 개인이건 가족이건 실업의 경험은 사회 붕괴와 범죄의 원인이 되는 경우가 많았다(Ajimotokin et al., 2015).

　교육을 잘 받은 비즈니스맨들과 전문직 종사자들에게 짧은 직장 전환 기간을 넘어서는 실업 경험이 치명직일 수 있다는 점은 주목할 만하다. 이들의 이런 경험은 우리 미래의 문제를 알 수 있는 단서를 제공하기 때문에, 그 경험을 연구하면 유용할 것이다.

　학교의 상황을 크게 바꾸는 것이 얼마나 어려운지 보

여주는 것은 차치하고라도, 공교육을 개선하려는 정부의 최근 노력은 20세기의 노동력을 위해 학생들을 더 잘 준비시키는 쪽에 근본적으로 맞춰져 왔다. 21세기의 노동력에 맞추려면 어떻게 해야 할까? 우리 교육과정을 다시 생각해야 한다. 여기에서 우리가 처방을 제시하려는 것은 아니지만, 교육과정을 다시 생각하는 것은 인문학과 교양 과목에는 좋은 소식으로 보인다. 이들 과목은 직업 준비에 도움이 되는 것만큼 생활에도 도움이 되지만, 미래의 발전에 대해 훨씬 더 잘 알게 해준다는 맥락에서 보면, 기술에 대한 우리의 참여, 그리고 특히 직장과 호모 사피엔스의 구성원들의 여가 생활을 점점 더 많이 점유할 지적 기계 인터페이스에 대한 참여에도 도움이 된다. 우선 문학과 영화를 이용해 '과학소설'(SF)에 대한 연구를 교육사업의 중심에 두고, 교육과정에 침투할 수 있다.

21세기의 변화 속도는 오래된 산업 경제에 잘 맞았던 낡은 모델과는 완전히 다른 사고방식을 요구한다. 그리고 우리가 잠재적인 지진해일에 대비하면서, 지금 우리에게 필요한 것은 다른 사람들을 위한 교육에 막대한 노력을 쏟는 것이다. 같은 종류의 교육이다. 파도가 치기 시작할 때 노동력을 병행 재훈련시키면 다가오는 것에 대처하는 데 더 잘 준비할 수 있다. MOOC의 출현은 교사나 교수를 위한 새로운 일자리를 많이 만들어내지는 않겠지만, 이런 프로젝트로 가는 간단한 길을 제시할 수 있다.

우리가 직면한 일은 극도로 도전적인 일이다. 하지만 우리가 인간 사회의 선을 위해 인공지능의 열매를 수확할 수 있다면, 그 성공 가능성은 상상을 초월할 정도로 클 것이다. 이러한 엄청난 발전을 가능하게 하는 수학자와 엔지니어와 사업가의 총명함 외에도, 우리에게는 우리가 가능성으로 빛나는 매우 다른 미래로 항해하는 것을 도와줄 정책 결정자, 공적 지식인, 정치 지도자의 최선의 노력이 필요하다.

뒤돌아보기와 내다보기

예전에 케임브리지 대학교를 다닐 때였다. 토론을 잘했던 나는 첫 학기 때 '신입생 토론'에 초대 받아 연설을 하게 되었다. 여러 가지 이유로 기억할 만한 경험이었다. 당시 케임브리지 유니온 토론 클럽의 회장은 보수적인 관점을 가진 거침없는 그리스 여성이었다. 재산도 상당히 많아 보였다. 이 여성의 첫 번째 책이 졸업 후에 바로 나왔다. 당시의 페미니즘을 공격하는 책이었다. 그 여성의 이름은 아리아나 스타시노풀로스(Ariana Stassinopoulos)였다. 지금은 아리아나 허핑턴(Huffington)으로 더 잘 알려진 인물이다. 우리가 흔히 그렇듯이, 허핑턴도 과거에 비해 성향이 좀 바뀌었다.

그날 저녁 우리가 무엇을 이야기했는지는 기억이 나지 않는다. 10대들이 입는 턱시도와 드레스를 입고, 셰리주를 마시다가 더 센 술을 마셨던 것 같다. 하지만 그날의 주제는 아직도 기억 난다. 어떤 이유로 그때의 홍보 포스터를 지금도 보관하고 있다. 40년이 지난 지금, 이 글을 쓰고 있는 나를 포스디가 내려다보고 있다.

"토론의 주제는 '진보의 대가가 너무 비싸다'입니다."

하지만 나는 반대 의견을 냈다.

감사의 말

이 주제에 대해 너무나 유익한 대화를 나눈 사람들 중에서 일부를 선택해 감사의 말을 전하는 것은 불공평한 일이지만, 먼저 부상기술정책센터(C-PET: Center for Policy on Emerging Technologies)의 동료들과 네이지 해너(Nagy Hanna), 젠 서틀(Jenn Sertl), 매트 제임스(Matt James)에게 감사한다. 이들 외에 나의 사고를 형성하는 데 도움을 준 많은 사람들은 본문에서 언급했다.

C-PET의 다른 동료들처럼, 이들은 내가 표명한 의견에 대해서 책임이 없음을 분명하게 밝힌다. 하지만 이들 중 일부는 내가 논리를 벼리는 데 도움을 주었고, 이들 모두는 2007년 C-PET 창립 때부터 나의 사고에 도움을 준 사람들이다. 애너 고얼저(Anna Goelzer)는 브라질 포르투알레그리에서 열린 TEDx에서 내가 이 주제에 대해 발표를 할 수 있도록 해주었다. 또한 최근에 도움을 준 오타와 대학교 과학사회정책연구소 동료들, 특히 소장인 모니카 개팅어(Monica Gattinger)에게 감사한다. 2015~2016년에 이 연구소에서 풀브라이트 과학사회 방문연구교수로서 이 프로젝트에 대해 연구할 수 있었다.

마지막으로, 이 책의 집필을 제안하고, 출판하는 과정

에서 애써준 폴리티 프레스의 조너선 스케렛(Jonathan Skerrett)에게 특별히 감사를 전한다. 좋은 제안이었는지는 당신이 결정하게 될 것이다.

참고문헌

Ajimotokin, Sandra, Alexandra Haskins, and Zach Wade (2015) "The Effects of Unemployment on Crime Rates in the U.S.," smartech.gatech.edu, April 14.

Arntz, Melanie, Terry Gregory, and Ulrich Zierahn (2016) "The Risk of Automation for Jobs in OECD Countries: A Comparative Analysis," *OECD Social, Employment and Migration Working Papers*, oecd-ilibrary.org, May 14.

Auerswald, Philip (2012) *The Coming Prosperity: How Entrepreneurs are Transforming the Global Economy*, Oxford: Oxford University Press.

Autor, David H. (2015) "Why Are There Still So Many Jobs? The History and Future of Workplace Automation," *Journal of Economic Perspectives*, Vol. 29, No. 3.

Bessen, James (2015) *Learning by Doing: The Real Connection Between Innovation, Wages, and Wealth*, New Haven: Yale University Press.

Birkett, Kathy (2014) "Robot Caregivers," seniorcarecornor.com.

Bresnahan, Timothy F. and Robert J. Gordon (1996) "Introduction," in *The Economics of New Goods*, Chicago: University of Chicago Press.

Brynjolfsson, Erik and Andrew McAfee (2011) *Race Against the Machine: How the Digital Revolution is Accelerating Innovation, Driving Productivity, and Irreversibly Transforming Employment and the Economy*, Lexington: Digital Frontier Press.

Brynjolfsson, Erik and Andrew McAfee (2014) *The Second Machine Age: Work, Progress, and Prosperity in a Time of Brilliant Technologies*, New York: Norton.

CB Insights (2016) "33 Corporations Working on Autonomous Vehicles," chinsights.com/blog, August 11.

Colvin, Geoff (2015) *Humans Are Underrated: What High Achievers Know That Brilliant Machines Never Will*, New York: Penguin.

Davies, Alex (2015) "The World's First Self-Driving Semi-Truck Hits the Road," wired.com, May 5.

DeBord, Matthew (2015) "Tesla is in the Middle of a Huge Debate About the Future of Driving," businessinsider.com, September 13.

Denning, Steve (2015) "The 'Jobless Future' is a Myth," *Forbes*, June 4.

Dillon, Frank (2015) "The Personal Touch: Why Robots Will Not Put Us All Out of Our Jobs," *The Irish Times*, August 24.

Dwoskin, Elizabeth and Brian Fung (2016) "For Some Safety Experts, Uber's Self-Driving Taxi Test Isn't Something to Hail," *The Washington Post*, September 11.

Ford, Martin (2015) *Rise of the Robots: Technology and the Threat of a Jobless Future*, New York: Basic Books.

Frey, Carl Benedikt and Michael A. Osborne (2013) *The Future of Employment: How Susceptible are Jobs to Computerisation?*, Oxford: Oxford Martin School.

Frick, Walter (2014) "Experts Have No Idea If Robots Will Steal Your Job,"*Harvard Business Review*, August 8.

Giang, Vivian (2015) "Robots Might Take Your Job, But Here's Why You Shouldn't Worry," fastcompany.com, July 28.

Haldane, Andy (2015) "Labour's Share," speech to the UK Trades Union Congress, London, September 15.

Hawkes, Rebecca (2016) "The Revenant: What Was Real and What Was Fake," *Telegraph*, January 20.

Hay, Marks (2015) "Why Robots are the Future of Elder Care," *Good*, June 24.

Hill, David J. (2015) "Kurzweil Responds to 'When Robots are Everywhere, What Will Humans be Good For?'," singularityhub.com, June 28.

Hoge, Patrick (2016) "Toyota Staffs Up for AI, Robotics Research," *Robotics Business Review*, March 1.

Insurance Times (2015) "Volvo to Accept Liability on Driverless Cars," *Insurance Times*, October 22.

Janoski, Thomas, David Luke, and Christopher Oliver (2014) *The Causes of Structural Unemployment: Four Factors that Keep People from the Jobs They Deserve*, Cambridge: Polity.

Kaplan, Jerry (2015) *Humans Need Not Apply: A Guide to Wealth and Work in the Age of Artificial Intelligence*, New Haven: Yale University Press.

Kennedy, Joe (2016) "Apple and America's Tax-Revenue Giveaway," entrepreneur.com. September 23.

Keynes, John Maynard (1931) "Economic Possibilities for Our Grandchildren," in *Essays in Persuasion*, London: Macmillan.

Kurzweil, Ray (2000) *The Age of Spiritual Machines: When Computers Exceed Human Intelligence*, London: Penguin.

Levy, Frank and Richard J. Murnane (2004) *The New Division of Labor: How Computers are Creating the Next Job Market*, Princeton: Princeton University Press.

Lloyd's (2014) "Autonomous Vehicles. Handing Over Control: Opportunities and Risks for Insurance," lloyds.com.

Marcus, Lucy (2015) "Is This a Truly Robot-proof Job?," bbc.com, September 21.

Moore, Andrew (2015) "Why 2016 Could be a Watershed Year for Emotional Intelligence in Machines," *Scientific American*, December 28.

Murray, Charles (2016) "A Guaranteed Income for Every American," *Wall Street Journal*, June 3.

Orfalea, Matt (2015) "Why Milton Friedman Supported a Guaranteed Income," medium.com, December 11.

Peterson, Hayley (2015) "The 12 Jobs Most at Risk of Being Replaced by Robots," weforum.org, November 2.

Ricardo, David (1821) *On the Principles of Political Economy and Taxation*, 3rd edition, London: John Murray.

Sainato, Michael (2015) "Stephen Hawking, Elon Musk, and Bill Gates Warn About Artificial Intelligence," *Observer*, August 19.

Samani, Kyle (2015) "Autonomous Cars Break Uber," techcrunch.com, September 18.

Santens, Scott (2015) "Self-Driving Trucks are Going to Hit Us Like a Human-Driven Truck," medium.com, May 14.

Saracco, Roberto (2016) "Guess What Requires 150 Million Lines of Code…", eitdigital.eu, January 13.

Schoettle, Brandon and Michael Sivak (2015) "Driverless Vehicles: Fewer Cars, More Miles," University of Michigan Transportation Research Institute.

Schumpeter (2015) "Professor Dr Robot QC," *The Economist*, October 17.

Schwartz, Samuel I. (2015) *Street Smart: The Rise of Cities and the Fall of Cars*, Philadelphia: PublicAffairs Books.

Smith, Aaron and Janna Anderson (2014) "AI, Robotics, and the Future of Jobs," pewinternet.org, August 6.

Stone, Maddie (2015) "The Trillion Fold Increase in Computing Power, Visualized," gizmodo.com, May 24.

Strauss, Steven (2015) "As the Age of Autonomous Vehicles Nears, Why are Policy Wonks Focused on the Past?," *Los Angeles Times*, November 6.

Summers, Lawrence H. (2013) "The 2013 Martin Feldstein Lecture: Economic Possibilities for Our Children," *NBER Reporter*, No. 4.

Susskind, Richard and Daniel Susskind (2015) *The Future of the Professions: How Technology Will Transform the Work of Human Experts*, Oxford: Oxford University Press.

Suster, Mark (2013) "In 15 Years from Now Half of US Universities May Be in Bankruptcy," bothsidesofthetable.com, March 3.

Technology Quarter (2016) "After Moore's Law," *The Economist*, March 12.

Thomis, Malcolm I. (1970) *The Luddites: Machine-Breaking in Regency England*, Newton Abbott: David and Charles.

Toffler, Alvin (1970) *Future Shock*, New York: Random House.

Vincent, James (2015) "Mercedes Thinks a Premium Driverless Taxi System Would Be a Good Idea," theverge.com, September 15.

Wharton (2015) "The Hype is Dead, But MOOCs are Marching On," knowledge.wharton.upenn.edu, January 5.

Wiener, Norbert (1950) *The Human Use of Human Being*, Boston: Houghton Mifflin.

Zhenghao, Chen et al. (2015) "Who's Benefiting from MOOCs, and Why," *Harvard Business Review*, September 22.

찾아보기

간호와 기계지능 49~51

감성 컴퓨팅(affective computing) 52

검색 엔진 최적화, 새로운 일로서 85, 90

게리(인디애나 주)에서의 철강 산업 붕괴 75

   게리의 구조적 실업 101

게이츠, 빌 17, 21, 71, 84, 103

경제협력개발기구(Organization for Economic Cooperation and Development) 32, 90, 96

   OECD와 '완전고용' 101

고등학교와 대학교의 이런 토론 기피 109~110

공적 자금 지원, 과학과 기술에 대한 68

과학소설, 교육 수단으로서 112

교육(Education) 107~113

   교육의 근본 목적 110~111

교육(training) 107~113

교육과 기계지능 → 온라인 공개수업

교통사고 사망자 수 37

구글 62, 65, 91, 103

   구글과 자율주행 자동차 33~35

구조적 실업의 비용 71~93, 95, 100

금융 서비스와 기계지능 42~45

기계 파괴 19

기계라는 종(species) 74

기그 경제 102

넷스케이프 상장 62

노동 지도자와 위험성 100

노동력 교육 107~113

노예 경제, 로봇 경제의 유사 형태로서 13, 29, 74

노인 돌봄과 기계지능 49~51

뉴 노멀의 오류 64~68

다마고치, 더 복잡한 반려 로봇의 전신으로서 50

다임러(Daimler)와 자율주행 자동차 41~42

디지털 혁명의 경제적 효과 57~59

디캐프리오, 리어나도 53

디트로이트, 미시간 주 34

   디트로이트와 구조적 실업 101

   지방자치단체 파산 75, 78

러다이트

   비유저 러다이트 19, 21, 23, 25~26, 55~69, 100, 103

   역사적 러다이트 11

러드, 네드 19, 23, 59

러스트 벨트 19, 71~93

레버넌트: 죽음에서 돌아온 자 (2015년 영화) 53

레비, 프랭크, 머네인, 리처드,
　　자율주행 자동차에 대해
　　86~87
레크리에이션 치료사　30, 109
로이즈 보고서(런던)와 자율주행
　　자동차　38~40
룸바, 기계지능의 초기 가정용
　　제품　50
리먼 브러더스의 파산과 위험　68
리카도, 데이비드　13, 76~77
링크드인(LinkedIn)　73

마커스, 루시　44
매사추세츠 공과대학교　24, 35,
　　55, 59, 91, 97
매치닷컴(Match.com)의 시작　62
머리, 찰스　13, 21, 80, 96
　　머리와 보편적 기본소득
　　105~106
머스크, 일론, '올해의
　　러다이트'로서　56~57
　　머스크의 인공지능에 대한
　　경고　57
메모리얼 슬로언 케터링 암센터
　　48
무어, 고든(Gordon Moore)　62
무어의 법칙　62~67
무인 자동차 → 자율주행 자동차
미국 노동부　10, 30, 82

방위고등연구계획국　68
법률 서비스와 기계지능　42~45
베슨, 제임스,『실천으로 배우기』
　　60
베어(1988년 영화)　53
보이드, 스토, 여가에 관해　110

보편적 기본소득(UBI)　104~107
　　밀턴 프리드먼이 지지하는
　　UBI　105
　　'사회주의적' 또는
　　'보수주의적'
　　해결방법으로서의 UBI　105
　　유럽이 실험하고 있는 UBI
　　106~107
　　찰스 머리가 지지하는 UBI
　　105~106
보편 소득 → 보편적 기본소득
보험과 자율주행 자동차의 안전성
　　36~39
볼보와 자율주행 자동차　35
　　볼보와 보험　37~38
브레인, 마셜　10, 82
브리뇰프슨, 에릭, 매카피, 앤드루,
　　『제2의 기계 시대』　57, 59

사우스웨일스와 구조적 실업　101
사회 보장과 보편적 기본소득
　　106
사회 임금, 유럽의 잠재적인 경쟁
　　우위　107
사회적 황폐화, 구조적 실업의
　　결과로서　78
산업혁명　12, 19, 75, 76
새로운 유한 계급　13
새로운 일자리의 부상　79~93
새로운 종, 기계지능으로서　74
생존 지수　109
시미스, 래리　13, 21, 24~26, 55
서스킨드, 리처드, 서스킨드,
　　대니얼　48, 61, 71~72
세계경제포럼(World Economic
　　Forum)　30, 44

세계은행 11
스카이프의 시작 61
스탠디지, 톰 22~23
스탠퍼드 대학교 35, 40, 91
STEM → 스템 교육
스템 교육(과학, 기술, 공학,
    수학의 통합교육) 44, 107~
    110
STEAM → 융합인재교육
실업 102
    사회적, 정치적 의미 104~
    107
    장기적 실업 107

알렉산더, 브라이언, 미래학자 22
암묵적 지식, 노동의 요소로서
    60
애플 103
    애플과 자율주행 자동차 34
에어비엔비(AirBnB), 새로운
    임대업으로서의 직업 85
ABS → 잠김방지 제동장치
A. I. Artificial Intelligence(2001년
    영화) 109
ATM → 현금자동입출금기
엘리자베스 1세와 특허 승인 거절
    31
MIT → 매사추세츠 공과대학교
MOOC → 온라인 공개수업
여가 108
    여가와 교육 110
영국 노동조합총회(Trades Union
    Congress) 76
오바마, 버락 98
오스월드, 필립, 마틴 포드 비평
    85~86

OECD → 경제협력개발기구
오터, 데이비드, 「왜 여전히
    일자리가 그렇게 많은가?」
    60~61, 96, 97
옥스퍼드 대학교 마틴 스쿨
    보고서 → 프레이와 오즈번
온라인 공개수업(Massive Open
    Online Course) 45~48, 112
완전고용 경제, 붕괴의 위험 13,
    19, 27, 69, 95, 102
왓슨, IBM의 47~48
우버 차 운전, 새로운 직업으로서
    84~85
우버(Uber) 17~18, 33, 35, 41, 80,
    102~104
월스트리트 붕괴(2008년)와 위험
    56
웰치, 잭, 제네럴 일렉트릭
    최고경영자로서 66
위너, 노버트 12~13, 18, 21, 29,
    74, 91
위성 항법 시스템(Global
    Positioning System) 65
위험과 계획 수립 97~113
위험과 고용의 미래 68~69
위험에 대한 전략적 계획 수립
    97~113
유럽의 보편적 기본소득 실험
    106~107
유럽의 자동차 회사들과 자율주행
    자동차 35
유전자변형생물과 위험 56, 88
육아휴직 102
융합인재교육(Science, Technology,
    Engineering, Arts, Math) 108

이베이 상품 판매, 새로운
　　직업으로서　85
이사회와 기계지능　44~45
『이코노미스트』　57~58
인간 지수, 로봇화 지수로서　49
인공일반지능　82
인구 통계, 노인 돌봄 로봇화의 한
　　요소로서　49
인터넷 익스플로러의 시작　62
일본과 노인 돌봄　49~50

자동차 소유, 밀레니얼 세대　39
자동차 소유와 자율주행 자동차
　　39~41
자동차 이용, 미국에서　39~41
자연어의 인식과 사용, 돌봄 응용
　　서비스의 열쇠로서　51
자영업　102
자원봉사　108
자율주행 자동차　33~42
　　자율주행 자동차와 컴퓨터
　　코드　33
잠김방지 제동장치, 로봇
　　드라이버에 의한 최우선
　　제어의 예　34
전문직 종사자들과 실업　111
전미트럭운수노조　10
정보기술혁신재단　57
정신의학과 기계지능　51~53
정책 이슈　100~107
정책 결정자의 역할　27, 95, 98~
　　100
　　정책 결정자와 노동시장의
　　미래　69
　　정책 결정자와 산업의 쇠퇴
　　78~79

정책의 장(policy arena)에서 이런
　　토론의 부재　109
조지아 공과대학교와 MOOC
　　46
GMO → 유전자변형생물
GPS → 위성 항법 시스템
직업 선택과 로봇화　109
직업과 기계지능　48~49, 61
질문 프레이밍의 중요성　98~100

최저임금과 로봇화　103
치히라 아이코, 휴머노이드 돌봄
　　로봇　50

카네기 멜런 대학교　35
캐플런, 제리와 자동차 소유　40,
　　87
커즈와일, 레이　64, 82~83
케인스, 존 메이너드　13, 18, 21,
　　81, 95
코닥　73
콜빈, 제프, 『인간은
　　과소평가되었다』　87
크레이그리스트(Craiglist)의 시작
　　62
크리스텐슨, 클레이　46~47

타이타닉호의 침몰과 위험　56
타타 자동차와 무인주차 기술　35
탄광 산업(영국)의 몰락　75
탄광 회사와 자율주행 자동차　36
텔레마케터　91
토요타 자동차　91
　　자율주행차 기술에 투자　35
토플러, 앨빈, 『미래의 충격』　64
퇴직　102

트럭 운전, 미국에서 36

트럭 운전사와 자율주행 자동차
　　79

트위터 73

특이점 대학 83

특이점 연구소 82

파로, 반려 로봇 50

팔로, 돌봄 로봇 50

패스트푸드와 로봇화 103

페이스북 73~74
　　페이스북의 시작 61

페퍼, 휴머노이드 돌봄 로봇 50

포드, 마틴, 『로봇의 부상』 59~
　　60, 85

폭포 효과, 기계지능의 79~96

폴라니, 마이클과 암묵적 지식
　　60

퓨 리서치 센터 조사 21~33, 30

프레이, 칼 베네딕트와 오즈번,
　　마이클 A. 30~32, 43~44,
　　48, 51, 82

프리드먼, 밀턴과 보편적
　　기본소득 105

피츠버그에 자율주행 우버 택시를
　　처음 투입 17~18

피카드, 로절린드와 감성 컴퓨팅
　　52~53

하그리브스의 다축 방적기 77

하버드 경영대학원 46

합의를 향하여 92~93, 95~113

현금자동입출금기(Automated
　　Teller Machine) 87

호킹, 스티븐과 인공지능에 대한
　　경고 57

홀데인, 앤디, 영국 중앙은행 수석
　　이코노미스트 76

흡연과 위험 56

로봇과 일자리:
어떻게 준비할 것인가?

초판 발행   2018년 3월 27일

지은이   나이절 캐머런
옮긴이   고현석

펴낸이   주일우
편집   이현숙, 김우영
디자인   전용완
인쇄·제본   아르텍

펴낸곳   이음
등록번호   제313-2005-000137호
주소   서울시 마포구 월드컵북로1길 52, 3층 (04031)
전화   02-3141-6126
팩스   02-6455-4207
전자우편   editor@eumbooks.com
홈페이지   www.eumbooks.com

한국어판 ⓒ 이음, 2018 Printed in Seoul, Korea
ISBN 978-89-93166-79-8   03300

이 도서의 국립중앙도서관 출판예정도서목록(CIP)은
서지정보유통지원시스템 홈페이지(http://seoji.nl.go.kr)와
국가자료공동목록시스템(http://www.nl.go.kr/kolisnet)에서
이용하실 수 있습니다.(CIP제어번호: CIP2018007398)